図解 これ1冊で ぜんぶわかる！

貿易実務

改訂版

日本輸入ビジネス機構　理事長
大須賀 祐

JN086724

あさ出版

改訂版 はじめに

　貿易は、我々人類にとって世界最古の商売であることをご存じでしょうか。商品や物品の輸出や輸入に携わる貿易の仕事の歴史は非常に古く、有史以前にさかのぼると言われています。

　貿易とは、その場には「ないもの（財）」を入手するための手段です。お互いにないものを交換して必要なものを手に入れる。それは、必ずしも物品だけでなく、文化、生活習慣なども含まれます。

　実際、日本も、文化やしくみ、生活習慣、食生活等、様々なものを輸入（取り入れ）することによって成長してきました。

　改訂版を執筆している現在、日本は、中国、アメリカ、ドイツに続く世界第4位の貿易大国です。今や貿易は、すべての日本人にとって経済を成り立たせるために必要不可欠であり、これがなければ生活が成り立たないと言っても過言ではありません。

　本書『図解　これ1冊でぜんぶわかる！　貿易実務』の初版は、2010年9月に刊行されました。発売以降、貿易業務に携わる初心者の方を中心に、商社等で貿易業務に従事されている方だけでなく、会社経営者、個人事業主など、あらゆる層からご支持をいただき、この手の本としては異例とも言われる4万部超のロングセラーとして多くの方々にご活用いただいてまいりました。

　貿易に関する煩雑な手続を、図やイラストを使ってわかりやすく解説することを目的に執筆した本書が、こんなにも長い間必要とされてきたということは、ここに記した貿易実務の基本、真理、そして、考え方が決して色褪せることのない、大事なことである

と証明されたと自負しており、これからも多くの方にご活用いただきたいと考えています。

　しかしながら、ここ近年、大きな変化が続いています。

　世界的に関税フリーの流れが加速したことにより、2020年に貿易の国際ルールであるインコタームズが従来の2010から2020に変更になりました。貿易実務の関係者は、こうした変化に対応していく必要に迫られています。実際、ご相談等をいただくことも増えています。

　そこで、今回、インコタームズ2020、そして、世界的な関税フリーの流れを受けて、加筆・修正を行い、『改訂版　図解　これ1冊でぜんぶわかる！　貿易実務』として、新たに刊行することとしました。

　前著を辞書のごとく机に常備していただいている皆様、また、あらたに本書を手にとられた皆様が、前著以上に、それぞれの分野でさらにご活躍していたくことになるのであれば、著者としてこれに勝る喜びはありません。

　あなたの成功を心から祈りながら……！

大須賀 祐

第2章 輸入取引の実務を学ぼう

第3章　輸出取引の実務を学ぼう

第**4**章 貿易実務をもっと深く理解するためのポイント

第 **1** 章

貿易の基本、
これだけは知っておこう！

そもそも「貿易」って どういうこと？

▼ここで登場するキーワード

国際分業　サービス貿易　関税

●貿易は国と国との商取引

「貿易とは何か」と聞かれたら、皆さんは何と答えますか？

貿易とは、簡単に言えば、ある国が別の国との間で商品を売買することを意味します。

A国がB国にテレビを売ったり、逆にA国がB国から木材を買ったり……という行為が貿易の基本形だと言っていいでしょう。

商品を外国へ販売するのが「輸出」、外国から商品を購入することが「輸入」ですが、貿易では、この輸出と輸入のバランスが大変重要です（＊1）。

一国のレベルで見ると、海外から安い商品を無制限に輸入すれば自国の産業が育たなくなりますし、逆に輸入を制限しすぎると、国際社会の批判を受けることになるでしょう。

貿易が国際的な規模で行われている以上、自国の都合のみで商取引をすることは、もはや不可能なのです。

●貿易はなぜ行われる？

では、そもそも、なぜ「貿易」が行われるのでしょうか？

それは、経済活動を行うのに、ひとつの国だけですべてをまかなうことができないからです。

例えば、日本には資源がありません。原油（＊2）や石炭、天然ガスなどのエネルギーをはじめ、鉄鉱石や銅などの金属は、そのほとんどを外国からの輸入に頼っています。日常生活を維持するためにも、日本にとってこれらの資源は欠かせません。

その一方で、日本には技術力があり、戦後はこの技術力をもと

[＊1] 輸出・輸入のバランスが偏ると国際問題に発展する。1970年代以降、日本製の自動車の輸出が増加したことにより、アメリカとの間で日米貿易摩擦が起きた。

貿易とは国と国との間の商取引

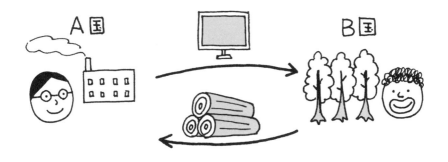

外国との間で商品を売買することを貿易と言う。
貿易なくして国際経済は成り立たない。

モノ、カミ、カネの流れ

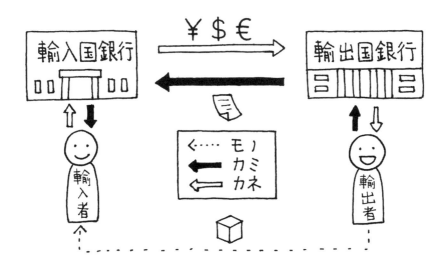

モノ（商品）、カミ（書類）、カネ（お金）の
流れを正しく理解することが貿易実務の基本。

［＊2］とくに原油の輸入量は国内消費のほぼ100％となっており、なかでも中東の依存度は約9割
と高い水準を保っている（資源エネルギー庁「石油統計速報」2023年5月分より）。

に、自動車や家電などの工業製品を大量に生産してきました。こうした工業製品を、海外に輸出することで、わが国は大きな利益を上げてきたのです。

●目的は国際分業で生産性を高めること

さらに、こんなふうに考えることもできます。

例えば、日本はフランスからワインを輸入しています。そしてフランスは日本から自動車を輸入しています。

しかし、日本でもワインをつくることはできますし、フランスにも自動車メーカーはあります。それぞれの国が輸入しているものを自国でつくることは不可能なことではありません。

では、なぜ2国間で貿易が行われるのでしょうか？

それは、不得意分野のものを自国で必要な分だけつくるより、生産性の高い国から輸入し、得意分野の生産性向上に力を注いだほうが、結果的には利益を生むことにつながるからです。

食品の輸入では自給率の問題があるので、この考え方が必ずしも正しいとは言えませんが、貿易には、このように「**国際分業によってお互いの生産性を高める**」という考え方があることを知っておいてください。

●サービスも輸出入する時代!?

冒頭で、貿易とは「国と国との間で商品を売買すること」だと書きましたが、これは必ずしも正確な定義ではありません。

最近では、「サービス」のように目に見えないものも、貿易の取り扱い品目と考えられるようになっているのです。

ここで言うサービスには、航空機や船などによる輸送サービスや金融サービス、介護などの医療サービスがあり、これらを「取引」することを**サービス貿易**と言います（＊3）。

[＊3] サービス貿易に関する規定は、「サービスの貿易に関する一般協定（GATS）」という国際協定により定められている。

国際分業における2つの考え方

先進国

先進国

水平的分業

先進国間で工業製品を交換する

垂直的分業

先進国の工業製品と途上国の食料品、原材料など"を交換する

途上国

これもサービス貿易の一種

外国人アーティストのコンサートに行く

海外旅行で現地のサービスを利用する

外国に支店を設置する

海外通販を利用する

現在、世界の貿易（輸入額）に占めるサービス貿易の割合は、約20％（外務省HPより）に達しており、無視できないものになりつつあります（＊4）。

●海外取引と国内取引、どこがどう違う？

貿易は「国と国との間の取引」です。

国と国が違えば、当然、言葉や流通している通貨、物の考え方などが異なるため、国内取引にはない違いがあります。

では、海外取引特有の問題には、どんなものがあるでしょうか。

◎契約

買主の国と売主の国とでは、商習慣、法律、制度などが違うため、契約の仕方もまったく異なります。

そこで、「インコタームズ（国際的商慣習）」という各国の貿易従事者が守るべき国際ルールが存在します（→STEP 6）。

◎代金の支払い

売主・買主がお互いに遠く離れているので、商品の引き渡しと代金の支払いを同時に行うことができません。また、使用されている通貨が違うという問題もあります。

そこでお互いのリスクをできるだけ軽減するために、信用状取引（→STEP10）というものが考えられました。

最近では、国内取引のように電信送金による決済が増えてきていますが、いずれにせよ、外国為替（→STEP 9）が大きく関係します。

◎通関の手続き

外国との間で商品を売買するときには、**関税**がかかります。

買主は税関に関税納付に関する申告（→STEP29）をして、輸入許可を受けなければ商品の引き取りができません。

[＊4] 2021年のサービス貿易の取引では、受取額が大きい順にアメリカ、イギリス、ドイツ、アイルランド、中国となっており、日本は10位（一般財団法人国際貿易投資研究所発行「国際比較統計」より）。

海外取引ならではの問題点

言葉の違い

契約（商習慣）の違い

通関の手続き

代金の支払い

　以上が海外取引と国内取引の違いです。読者の皆さんのなかには、「面倒だな」と感じた人がいるかもしれません。

　確かに、国内取引と比べれば、手間や時間がかかることは間違いありません。しかし、見方を変えれば、この点さえ押さえてしまえば、海外取引はそれほど難しいことではないのです。

関税

主に輸入品に課せられる税金。国内の産業保護を目的に課せられるもので、海外から一定額を超える物品を持ち込むときには購入額を申請しなければならない。

税関

港や空港に置かれ、輸出入品のチェックや関税の徴収などを行う機関。なお、「通関」は、税関に物品の申告や納税などを行い、輸出入許可を得るまでの一連の流れを指す。

貿易取引には、どんな種類がある？

▼ここで登場するキーワード
直接貿易　間接貿易　仲介貿易　順委託加工貿易
逆委託加工貿易　中継貿易

●あなたが関わる貿易の種類はどれ？

　一口に「貿易」と言っても、その形態にはさまざまなものがあります。ここでは、**直接貿易、間接貿易、仲介貿易、順委託加工貿易、逆委託加工貿易、中継貿易**の6つの取引形態をご紹介しましょう。

◎直接貿易

　商社や流通業者を通さずに、売り手と買い手が直接取引する形態です。輸入者の意向を輸出者に直接届けられるため、交渉が迅速に進むという点が特徴です。また、価格交渉などが直接できるので相手の反応を得やすいというメリットもあります。

◎間接貿易

　商社や流通業者を通して取引する形態。商社は、貿易に関して豊富な経験や情報を持っています。したがって、トラブルが起きても、商社に蓄積されたノウハウで迅速な解決が見込めます。

　また、輸入者に資金力がない場合でも、商社の金融力を活用できるため、より大きな取引が可能になるという面もあります。

　ただし、リスクや手間が省ける反面、コストがかかるというデメリットもあります。

◎仲介貿易

　第三者が輸出者と輸入者を仲介する取引形態です。

　例えば、日本の業者がアメリカと中国の貿易取引を仲介するようなケースがこれにあたります。仲介者は売買には関わらず、仲介による手数料を得るしくみです。

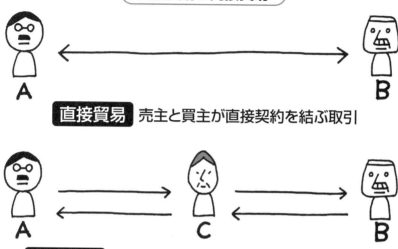

直接貿易と間接貿易

直接貿易 売主と買主が直接契約を結ぶ取引

間接貿易 売主と買主との間に仲介業者が入る取引

直接貿易と間接貿易のメリット・デメリット

	直接貿易	間接貿易
メリット	●価格交渉がしやすい ●購入者の意図を伝えやすい	●商社の豊富な情報・経験を活用できる ●トラブルの際に商社の解決ノウハウを活かせる
デメリット	●外国人との交渉のため意図が伝わりにくい ●支払い条件などの面で不利な条件を強いられることがある	●商社に支払うマージンが発生する（＊1） ●直接の交渉でないために、こちらの意見を通しにくい

［＊1］間接貿易では、商社や流通業者にマージンを支払わなければならない。その分、市場での競争力が弱くなるというデメリットがある。

売買契約は、輸出者、輸入者とも仲介業者と締結しますが、商品は輸出者から輸入者にダイレクトに輸送されます。

　なお、仲介する国や仲介する物によっては、許可が必要なケースもあるので注意してください（仲介貿易取引規制）。

◎順委託加工貿易

　外国からの委託を受けて原材料・部品を組み立てたうえで、完成品を委託者に輸出して加工費を受け取る形態です。

　この場合も、扱う品目が規制の対象となっている場合は、経済産業大臣に許可を得るなど、一定の手続きが必要です。

◎逆委託加工貿易

　外国に製品の加工・組み立てを依頼し、その完成品を輸入して加工費を支払う形態です。

◎中継貿易

　A国からの貨物をC国に輸出し、加工後、B国に再輸出する形態です。例えば、日本が中国から輸入したものに加工を施し、アメリカに輸出する場合はこれに該当します（＊2）。

　日本は、戦後、順委託加工貿易を中心に発展を遂げてきた、加工貿易立国でした。その後、時代は変わり、今では海外に技術やノウハウを提供して経済的効果を高めていく逆委託加工貿易の国に移行しています。

仲介貿易取引規制

対象となるのは「武器」や「大量破壊兵器等の開発等のために用いられるおそれがある貨物」など。なお、規制対象外となる国を通称「ホワイト国」と呼ぶ。

貿易の様々な形態

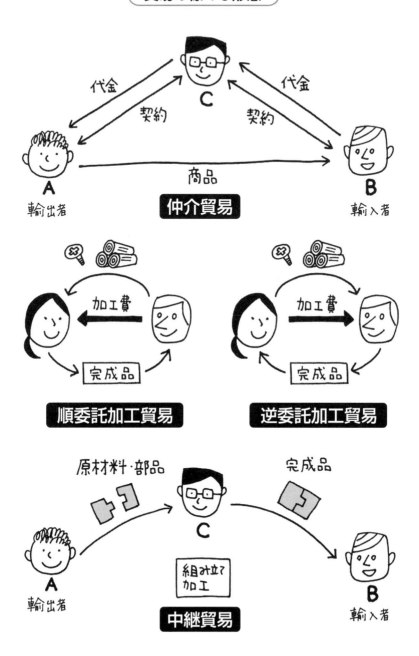

代金 **契約** C **契約** **代金**

商品

A 輸出者 **仲介貿易** B 輸入者

加工費 **完成品** **順委託加工貿易**

加工費 **完成品** **逆委託加工貿易**

原材料・部品 **完成品**

A 輸出者 C 組み立て加工 **中継貿易** B 輸入者

［＊2］仲介貿易と中継貿易の違いは、仲介貿易では商品が経由国で陸揚げされないこと。つまり、仲介する国（実際に仲介するのは商社など）では通関が行われない。

貿易の世界では
どんな人が働いている？

▼ここで登場するキーワード
**輸出者　輸入者　運送会社　保険会社　通関業者
貿易アドバイザー**

●輸出者・輸入者だけで貿易はできない

　貿易の現場ではさまざまな人が、さまざまな立場で活躍しています。「貿易」の世界を知るうえで、その全体像をとらえておくことは、大切なことでしょう。そこで、この項では貿易業界の各プレーヤーについて、簡単にご説明しておきます。

　まず、貿易は、**輸出者**、**輸入者**がいなければ成立しません。

　しかし、この両者だけで貿易はできないというのも、また事実。

　そこで、輸出者・輸入者の間で大切な役割を果たすのが、「銀行」です。荷為替手形（→ STEP10）の決済などは、銀行が重要な役割を果たします。

　もっとも、お金がうまく回っても、肝心の商品が動かなければ意味がありません。そこで必要になるのが**運送会社**です。

　運送会社には、トラックの運送会社だけでなく、船会社、航空会社も含まれます。特に四方を海に囲まれている日本では、このどちらかを使わない限り、貿易そのものが成り立ちません。

　このほか、**保険会社**や通関関係の手続きを代行する**通関業者**（＊1）なども欠かすことのできない存在です。もちろん保険の加入は任意ですが、無保険の取引は現実的には考えられません。

　また、場合によっては現地で買付けを代行してくれる買付代行業者や、貿易事務の代行をしてくれる貿易代行業者も必要です。

　さらに、貿易の専門家である**貿易アドバイザー**も、貿易活動の重要な一端を担っています（＊2）。

［＊1］貿易関連の資格には「通関士」という国家資格がある。通関士は、輸出入者の代わりに、海外からの貨物を国内市場に受け入れるときの諸手続き（申告、検査など）ができる。

［＊2］海貨業者（海運貨物取り扱い業者）や港付近の倉庫業者も、貿易の重要なプレーヤーである。

貿易に関係する人たち

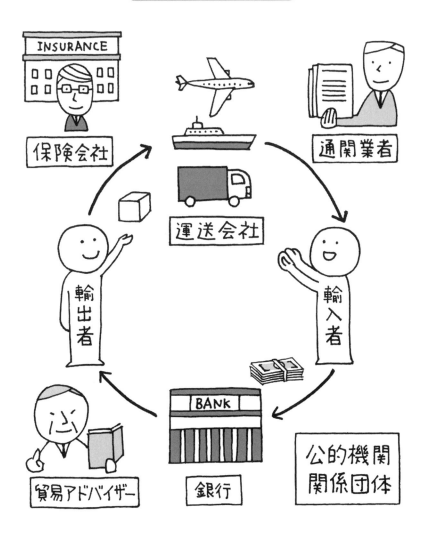

税関、検疫所、関係省庁（経済産業省、厚生労働省）
などの公的機関やジャイボ（JAIBO・日本輸入ビジネ
ス機構）、ジェトロ（日本貿易振興機構）、商工会議所
なども重要なプレーヤーとして貿易に関与している。

ジェトロ（JETRO／日本貿易振興機構）

日本の貿易の促進のために、1958年につくられた独立行政法人。国内外に約60の事務所を持ち、
その独自のネットワークを通じて海外のビジネスに関する情報を収集・提供している。

●貿易実務者に必要な能力とは？

ところで、貿易実務者に求められる能力としては、どんなものが挙げられるでしょうか？

もっとも大切なのは、コミュニケーション力でしょう。

これはどんな立場の人にも要求される、最低限の能力だと思います。もちろん、コミュニケーションを円滑に行うためには、一定レベルの語学力が必要だと思います。

とくに事務職では、対面で相手と接しているのではない分、相手に誤解を与えないメールを送らなければいけません。

その意味で、英語（＊3）の能力があると大変有利です。

次に大事なのは、相手の文化や習慣を理解する力と、それを許容する寛容さでしょう。

世界には、日本の常識では考えられないような考え方・行動パターンをとる国があります。しかし、そういった知識がなく、自分の尺度だけで物事を判断すると、誤解やすれ違いが起きてしまいます。

取引で生じるほとんどのクレームは、お互いに対する理解不足が原因で起きるものです。自分とは異なる考え方の相手と取引する場合も、それをある程度尊重することが、より良い関係を続けていくコツだと言えます。

そして、交渉力。言うまでもないことですが、貿易はビジネスです。そうであるからには、やはり利益を上げなければいけません。そのためには、したたかな交渉力が不可欠です。

お互いに継続的な取引を望むのであれば、50 対 50、51 対 49 くらいのバランスで交渉を進めることが最終的にはもっとも効果的です。

[＊3] 一般に実務に必要な英語とは、TOEIC 600 点以上とされている。

貿易実務に必要なスキル

コミュニケーション力

DISCOUNT... NO!
交渉力

そのうち送ります
理解力・寛容さ

分野別の業務で求められる能力

基本的に必要な能力は 語学力・コミュニケーション力

商社の海外営業	貿易事務	貿易業起業者
交渉力 忍耐力 など	事務処理能力 など	マーケティング力 調整力 経営力 など

貿易には どんな規制がある？

▼ここで登場するキーワード
外国為替及び外国貿易法(外為法) 輸出入取引法 税関で確認する輸出(入)関係法令の概要 ワシントン条約 モントリオール議定書 薬機法

●輸出入は完全に自由ではない？

現在、日本では、輸出入は原則「自由」となっています。

ただし、どんなものでも自由に売買できるわけではありません。

例えば、人の生命や財産を脅かすもの（爆発物、毒物など）や、健康に有害なもの（覚醒剤、麻薬など）、また、環境を汚染するおそれのある化学物質などは、自由な取引が禁じられています。

また、特に危険性がなくても、経済的な側面から、輸出入に一定の制限が課せられている品目もあります。

●どんな法律があるの？

貿易のルールを定めた法律としては、**外国為替及び外国貿易法(外為法)、輸出入取引法、税関で確認する輸出(入)関係法令の概要**などがあります。

また、有名なところでは**ワシントン条約**（→ STEP15）や**モントリオール議定書**なども、国際間の取引をするうえで注意が必要でしょう。これらに違反すれば、もちろん、処罰の対象になります。

このほか、医薬品を輸入する場合には、**薬機法（正式名称を「医薬品、医療機器等の品質、有効性及び安全性の確保等に関する法律」という）**を調べ、厚生労働省から事前に医薬品製造販売業の許可を取ったり、輸入品目ごとの承認や許可を取得したりしなければいけません。

取引の前には、このような関連法や規制などを事前に調査・確認しておくことが必要です。

外国為替及び外国貿易法

一般的に外為法（がいためほう）と呼ばれる。日本と外国との間の「資金」や「もの」「サービス」などの対外取引や外貨建て取引に適用される法律。1998年に抜本的に改正された。

輸出入に関係する代表的な規制

	規制	内容
輸入	ワシントン条約	正式名称は「絶滅のおそれのある野生動植物の種の国際取引に関する条約」。最近では珍しい動物をペットにするために、生きたまま輸入するケースが増えているが、この法律に抵触しないか確認すべき。国内では外為法（外国為替及び外国貿易法）で輸入が制限されている。
	モントリオール議定書	オゾン層を破壊するCFC、特定フロン、ハロンの排出を段階的になくし、オゾン層を保護しようとする取り決め。オゾン層を破壊するおそれのある物質を特定し、その物質の生産、消費および取引を規制している。
輸出	ワッセナー・アレンジメント	冷戦の終結に伴い、東側への輸出入規制「COCOM（対共産圏輸出統制委員会）」に代わって発足した、新たな輸出管理システムの協約。本合意により、日本国内では、対象貨物を輸出する際、送り先がどこであれ、経済産業大臣の許可が必要となる。
	キャッチオール規制	大量破壊兵器などを製造するときに使われる物品や技術の輸出管理を強化する規制。大量破壊兵器の不拡散政策をとっている国（ホワイト国という）以外に輸出する場合で、取り扱う物品がこの規制に該当するおそれがあれば、全貨物が規制を受けることになる。
どちらにも関係するもの	外国為替及び外国貿易法	1949年に制定された、対外取引に関する基本法。通称「外為法（がいためほう）」。1998年の法改正により対外取引については完全自由化された。
	輸出入取引法	原産地の偽装など、不正な取引を防止し、輸出入の秩序を確立するための法律。貿易業者の組合活動や、事業活動のありかたについても定められている。

※このほか、輸出入時の規制に関連するものとした関係法令がある

〈参考〉税関HP

・税関で確認する輸出関係法令の概要
・税関で確認する輸入関係法令の概要

コンテナ輸送の しくみを理解しよう

▼ここで登場するキーワード
**コンテナ 在来船 コンテナ船 FCL 貨物 コンテナ・ヤード(CY)
LCL 貨物　コンテナ・フレート・ステーション(CFS)**

●コンテナは輸送の要

　貿易貨物の多くは、**コンテナ**(Container) によって海上輸送されています。

　コンテナの大きさは国際標準化機構(ISO) の規格で定められており、標準は幅8フィート(約2.4メートル)、高さ8フィート6インチ(約2.6メートル)で、長さのみ20フィート(約6メートル)と40フィート(約12メートル)の2種類があります。

　また、一般的に知られているドライ・コンテナのほかにも、冷凍・冷蔵コンテナや液体貨物専用のタンク・コンテナなど、さまざまなコンテナがあります。

　貿易では、このコンテナを在来船で輸送するか、コンテナ船で輸送するか、また、貨物がひとつのコンテナを満たすか否かなどによって、手続きがいろいろと変わってきます(*1)。

●在来船とコンテナ船の違い

　在来船(Conventional Vessel) は、一般貨物船のことで、コンテナだけでなく、形状の異なるさまざまな貨物を運ぶ船です。船自体にクレーンを備えているため、艀や岸壁(*2) などから直接貨物を積み上げることが可能です。

　一方、**コンテナ船**(Container Vessel) はコンテナ貨物専用の船で、陸上に設置されているガントリー・クレーン(Gantry Crane) によって積み込みを行います(*3)。

　在来船は荷役作業に人手がかかり、貨物の積み込みが天候に左右されるため、入港や出港日が遅れることもありますが、コンテ

[＊1] 在来船とコンテナ船では、出荷に必要な書類が異なる。また、貨物の量によって、書類の提出先も違ってくる。

コンテナの種類と貨物の分類

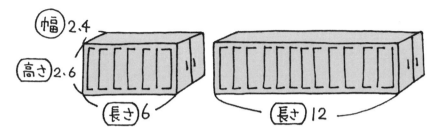

※単位はメートル

ドライ・コンテナには2種類の大きさがある。高さと幅は共通で、長さが6メートルと12メートルの2タイプに分かれる。

このコンテナを基準として…

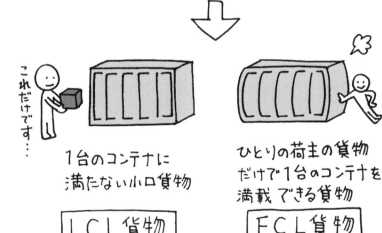

これだけです…

1台のコンテナに満たない小口貨物

LCL貨物

ひとりの荷主の貨物だけで1台のコンテナを満載できる貨物

FCL貨物

[＊2] 岸壁のことを「バース」と呼ぶ。このバースの上部、貨物を荷揚げする場所をエプロンと言い、ここで「荷さばき」が行われる。

ナ船は在来船に比べ荷役作業に手間がかからず、天候にほとんど左右されないため、航海日程が安定しており、輸送効率が格段に良いのが特徴です。

●コンテナ貨物には２種類ある

コンテナ船に積み込むコンテナ貨物は、貨物の量により２種類に分けられます。

ひとりの荷主で１台のコンテナを満たす貨物を**FCL貨物**と言います。荷主が自社の倉庫などでコンテナ詰め（バンニング）をし（＊4）、**コンテナ・ヤード**（Container Yard：**CY**）に運び込んだあと、通関手続きが行われ、出荷されます。

一方、１台のコンテナに満たない少量貨物を**LCL貨物**と言い、**コンテナ・フレイト・ステーション**（Container Freight Station：**CFS**）に運び込まれたあと、その場で通関手続きが行われます。

その後、船会社によってほかの荷主の荷物と一緒にコンテナ詰めされてCYに運ばれ、出荷されます。

貨物がFCLかLCLかで、出荷の際の手続きが変わってきますので、注意しましょう（→STEP44）。

[＊3] ガントリー・クレーンは、橋脚状の本体両端に車輪がついており、その軌道上を移動できるクレーン。橋形クレーンとも呼ばれる。

コンテナターミナルのしくみ

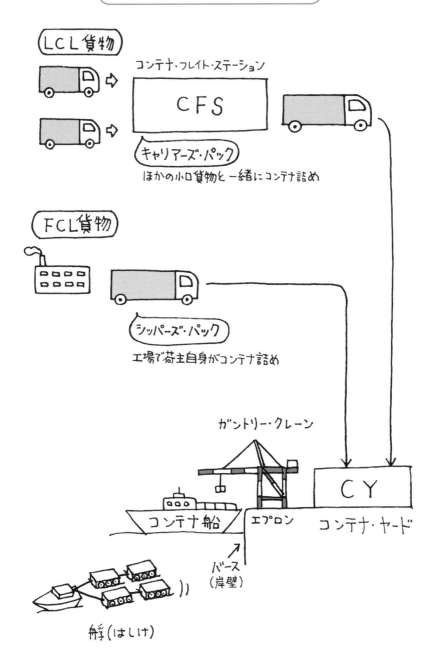

LCL貨物

コンテナ・フレイト・ステーション

CFS

キャリアーズ・パック

ほかの小口貨物と一緒にコンテナ詰め

FCL貨物

シッパーズ・パック

工場で荷主自身がコンテナ詰め

ガントリー・クレーン

CY

コンテナ船　　エプロン　　コンテナ・ヤード

バース（岸壁）

艀（はしけ）

[＊4] 荷主自身がコンテナ詰めすることを「シッパーズ・パック」、船会社がコンテナ詰めすることは「キャリアーズ・パック」と言う。

貿易条件の 国際ルールとは？

▼ここで登場するキーワード

国際商業会議所　インコタームズ　インコタームズ 2020

●インコタームズは貿易の国際ルール

　STEP 1 では、貿易、すなわち海外取引には国内取引にはない、さまざまな違いがあると書きました。

　国が違えばルールや取り決めが異なるのは、当然でしょう。しかし、当事者同士が、それぞれ自国のルールを主張すれば、スムーズな取引はできません。そこで、**国際商業会議所**によって貿易条件に関する各国共通の了解事項や合意事項が決められました。それが**インコタームズ** (International Commercial Terms：国際的商慣習) と呼ばれるものです。インコタームズは、世界中の貿易業者が従っているもので、事実上の国際ルールとなっています。

　インコタームズが制定されたのは 1936 年。以来、不定期で内容が改定され、現在は、2020 年に制定された**インコタームズ 2020** が使われています（34 ページ参照）。

●インコタームズでは何が決められている？

　では、インコタームズでは、何が決められているのでしょうか。

　インコタームズは、貿易の「取引条件」を決めたものであり、具体的には、貨物（商品）のリスク負担の範囲と費用負担の範囲が決められています（＊1）。

　前者は、商品が損失を被ったときに売主・買主のどちらが責任を取るのかを規定したもの。後者は、輸送や通関、貨物保険にかかる費用を、売主・買主のどちらが負担するかを決めたものです（＊2）。

　インコタームズでは、11 の商品引き渡し条件が全 4 グループに分類されています。詳しくは STEP22 を参照してください。

[＊1] インコタームズは法律ではないため、強制力はない。したがって、売主と買主双方が、インコタームズを契約書に盛り込むことによって、初めて効力が発揮される。

インコタームズに規定されている貿易条件11項目

グループ種別	条件	意味
Eグループ	EXW	工場渡し
Fグループ	FCA	運送人渡し
	FAS	船側渡し
	FOB	本船渡し
Cグループ	CFR	運賃込み
	CIF	運賃・保険料込み
	CPT	運送費込み
	CIP	運送費・保険料込み
Dグループ	DPU	荷卸込持ち込み渡し
	DAP	仕向地持ち込み渡し
	DDP	仕向地持ち込み渡し・関税込み条件

Eグループ
売主が自身の施設内で商品を引き渡す。引き渡し後のリスクと費用は買主が負担する。

Fグループ
輸出地の港（空港）で費用・リスクの負担が売主から買主に移る

Cグループ
輸入地で費用の負担が売主から買主に移転する。一方、リスクの負担は輸出地で売主から買主に移る。

Dグループ
売主が買主の元まで費用とリスクを負担する

リスクはどこで移転する？

[＊2] インコタームズは当事者同士が合意すれば、内容を一部変えるなど、臨機応変に運用することができる。

インコタームズ2020による
7つの変更点

●「インコタームズ2020」でDPUが新設された

2019年9月、**国際商業会議所**（International Chamber of Commerce=ICC）より、「インコタームズ2010」を改訂した「インコタームズ2020」が発表され、2020年1月に実施されました。

インコタームズは、各国で異なる貿易取引条件の解釈について、誤解や行きちがいを回避する目的から、商習慣の変化によって改定が行われます。

「**インコタームズ2020**」と「**インコタームズ2010**」の違いは、大きく以下の7つの点が挙げられています。

それぞれ見ていきましょう。

●押さえておくべき7つの変更点

1 積込済みの付記のある船荷証券とインコタームズのFCA規則

FCAとはFree Carrierの略で、「運送人渡し」のことを指します。「運送人渡し」とは、インコタームズの1種で、売主または買い主の指定した場所や運送人に貨物を引き渡した時に費用負担と危険負担が買い主に移ることをいいます。

FCA規則が定められたことによって、輸出国で貨物の船積みをする前に船積証明が付記されたB／L（＊1）の発行を求めることができるようになりました。

2　CIおよびCIPにおける保険の補償範囲の違い

貿易取引に係る貨物が船舶、航空機等で輸送されている間に発生した不測の事故によって被った損害をカバーする保険を、貨物

[＊1] B／L　国際海上輸送において、荷主と運送人との間で運送契約を結んだことを証明する書類

「インコタームズ2020」7つの変更点

❶ 積込済みの付記のある船荷証券とインコタームズの FCA規則

❷ CIFおよびCIPにおける保険の補償範囲の違い

❸ DATからDPUへの変更

❹ FCA、DAP、DPUおよびDDPにおいて、売主または買い主が自己の輸送手段を用いての運送手配

❺ 輸送の義務と費用において安全に関する要求

❻ 『インコタームズ®2020年版規則』における項目別、費用負担の比較容易化

❼ 『インコタームズ®2020年版規則』における利用者のための解説ノート

海上保険といいます。

　貨物海上保険証券は、200年以上前に作られたイギリスのロイズ保険証券をもとに、**ロンドン保険業者協会が制定した約款にもとづく保険証券**が、世界の多くの国々で使用されています。

　貨物海上保険は、各種の特別約款が定められており、そのなかでも最も基本的、典型的なものが、「**協会貨物約款（Institute Cargo Clauses ＝ ICC）**」です。

① ICC（A）約款

　最も担保範囲が広く、海上危険だけでなく、荷役中の事故など輸送中の危険すべてを担保する条件です。旧約款の All Risks（A/R）条件（全危険担保）に概ね相当します。

② ICC（B）約款

　海水、湖水、河川の浸水による水濡れ損害、火災、爆発、座礁、衝突などの危険をカバーする条件です。旧約款の

With Average（WA）条件（分損担保）に概ね相当します。

③ ICC（C）約款

　　最も担保範囲の狭い条件で、沈没、座礁、大火災、衝突など航海を続けることが危うくなる危険のみカバーしている条件です。旧約款の Free from Particular Average（FPA）条件（分損不担保）に概ね相当します。

　上記の貨物保険に関し、「インコタームズ 2010」において、CIF および CIP は売主に対し、「少なくともロンドンの協会貨物の ICC（C）約款または類似の約款により規定されている最低限の補償範囲に準拠する貨物保険を売主のコストで手配する」義務を課しています。

　「インコタームズ 2020」では、CIF および CIP において異なる最低限の補償範囲を設定することが定められました。

　CIF では、「インコタームズ 2010」に引き続き、売主に ICC(C) 約款の条件または類似する約款の補償範囲の保険取得を義務付けています。

　つまり、海上物品取引において、より多く利用される CIF ルールでは現状維持となり、引き続き ICC（C）約款がデフォルトで適用されます。

　一方 CIP では、ICC（A）約款(オールリスク)に準拠する保険を付さなければならないというルールが、「インコタームズ 2020」によってできました。ICC（A）約款は、すべてのリスクをカバーしているため、買い主にとって手厚い保険となりますが、売り主側からすると保険料が高くなり、負担が増えます。

3 DAT から DPU への変更

　「インコタームズ 2010」において、**DAT**（ターミナル持ち込み

（仕向地持込渡し）の唯一の相違点は、DAT では、物品がターミナルに荷卸しされた時点で売主による引渡しがなされるのに対し、DAP では、輸送手段上で物品が買い主の手に委ねられた時に引渡しがなされるというものでした。

しかし、「インコタームズ 2020」では、DAT が廃止となり、新設された **DPU**（荷卸込持込渡し）に変更されました。この変更によって、指定仕向地（＊2）がターミナルか否かを問わないことが明確になりました。

DPU とは Delivered at Place Unloaded の略です。英語表記の通り、目的地はターミナルのみならず、いかなる場所でもあり得るという現実を強調する形となりました。

DAP とは Delivery at Place の略です。あらゆる輸送方法に利用できる規則で、売主が買い主との間で合意の取れた指定地まで輸送し、その場所で荷下ろしの準備ができた時点で危険負担が切り替わるというものです。この規則において、売主は、費用を含む荷下ろし作業についての義務を負いません。

そのため、ルールの記載順序が変更になり、荷卸し前に引渡しが完了する DAP のルールに関する事項は、DAT に関する事項の前に記載することになりました。

対して、DPU では買い主が荷物を下ろすまでの義務を売主が負います。

責任の所在は、貿易実務において大きな問題です。新しい規則は、しっかり確認しておきましょう。

4 FCA、DAP、DPU および DDP において、
売主または買い主が自己の輸送手段を用いての運送手配

「インコタームズ 2010」では、全体を通じて、売主が買い主に物品を運送する場合、利用するインコタームズのルールに応じて、

[＊2]　指定仕向地とは、輸入港、または輸入国における荷卸しの指定ターミナル（埠頭、倉庫、コンテナヤード、鉄道の駅等）のこと。

売主または買い主により起用された第三者の運送人が物品を運送するという前提で設定されていました。

　しかし、実際はというと、売主が買い主に物品を運送する際、第三者の運送人を一切介在させることなく運送する場合もあり得ます。

　そこで、「インコタームズ2020」では、FCA（運送人渡し）、DAP（仕向地持込渡し）、DPU（荷卸込持込渡し）、DDP（Delivered Duty Paid：関税込持込渡し）のいずれにおいても、売主・買い主が必要な輸送を第三者の運送人を介さず自己の輸送手段を用いて単に手配することを許容することとなりました。

5　輸送の義務と費用において安全に関する要求

　「インコタームズ2010」では、世の中のセキュリティに関連する関心が非常に高まったことを受けて発効されました。

　この改定によって定められた運送実務に関することは、今や益々確立したものとなっています。

　それらが運送要件と強く結びついているため、「インコタームズ2020」では、セキュリティ関連の要求を輸送・保険手配と並んでしっかりと明記することとなり、貿易におけるセキュリティ対策に関するニーズが反映されました。

6『インコタームズ®2020年版規則』における項目別、　費用負担の比較容易化

　ICC国際商業会議所が発行している『インコタームズ®2020年版規則』において、当事者間の費用負担義務について比較や利用者のために、いつ危険が移転するのか、どのように費用が分担されるのかなどの比較について容易になりました。

7 『インコタームズ®2020 年版規則』における
　利用者のための解説ノート

「インコタームズ®2020 年版規則」にて、各条件の注釈をまとめた項目が「解説ノート」として追加されました。利用者への解説箇所を設置し、理解しやすいように変更されました。

　７つの変更点を見てきましたが、なかでも DAT が廃止され、DPU へ移行したことは貿易実務において、大きな変更です。

　DAT は、運送手段からの物品の荷卸義務を売主に課し完了した時に引き渡しが完了することをコード名に明記して、DPU との名称になっています。押さえておきましょう。

　また、インコタームズは強制力のない任意規則です。そのため、貿易取引の契約書に約款を入れることが一般的です。

　両者が合意すれば、必ずしも最新のインコタームズに準拠する必要はないことを念頭に置いておいてくださいね。

インコタームズ2020の 11の規則

▼ここで登場するキーワード
**海上および内陸水路輸送にのみ適用する規則　EXW　FCA
CPT　CIP　DAP　DPU　DDP　FAS　FOB　CFR　CIF**

●2つのグループ

　先ほども触れましたが、「インコタームズ 2020」は、全部で 11 種類の規則から成り立っています。

　この 11 の規則は、大きく 2 つのグループに分類されます。

・**第 1 グループ**

　すべての輸送手段に適用した規則

・**第 2 グループ**

　海上および内陸水路輸送にのみ適用する規則

　第 1 グループに該当するのが、**EXW**、**FCA**、**CPT**、**CIP**、**DAP**、**DPU**、**DDP** の 7 つ、第 2 グループに該当するのが、**FAS**、**FOB**、**CFR**、**CIF** の 4 つです（次ページ表参照）。

　「インコタームズ 2020」で、新設された DPU（荷卸込持込渡）は第 1 グループに入ります。

　海外の企業との取引では、事前に費用とリスクの負担範囲を取り決めておくことが重要です。

　貿易取引の世界共通のルールである「インコタームズ」への理解を深めることは、こうした負担範囲を明確にする意味でも大切になってきます。

●第一グループ
（すべての単数・複数輸送に適する規則）

EXW	Ex Works (named place of delivery)	工場渡（指定引渡地）
FCA	Free Carrier (named place of delivery)	運送人渡（指定引渡地）
CPT	Carriage Paid To (named place of destination)	輸送費込（指定仕向地）
CIP	Carriage and Insurance Paid To (named place of destination)	輸送費保険証込（指定仕向地）
DAP	Delivered at Place (named place of destination)	仕向地持込渡（指定仕向地）
DPU	Delivered at Place Unloaded (named place of destination)	荷卸込持込渡（指定仕向地）
DDP	Delivered Duty Paid (named place of destination)	関税込持込渡（指定仕向地）

●第二グループ
（海上および内陸水路輸送のための規制）

FAS	Free Alongside Ship (named port of shipment)	船側渡（指定船積港）
FOB	Free On Board (named port of shipment)	本船渡（指定船積港）
CFR	Cost and Freight (named port of destination)	運賃込（指定仕向港）
CIF	Cost, Insurance and Freight (named port of destination)	運賃保険料込（指定仕向港）

（出典）「SANKYU　物流情報サービス　CISS」サイト

外国為替のしくみを
理解しよう

▼ここで登場するキーワード

外国為替　レート　為替リスク　円安　円高　リスクヘッジ

●外国為替には2つの意味がある

　貿易とは異国間の商取引のことでした。ですから、そのしくみを学ぶうえで、**外国為替**の理解はとても重要です。

　外国為替とは、遠隔地にいる買主と売主が、その貸し借りの関係を、金融機関を通じて決済するしくみのことです。

　金融機関では、手形や小切手などの信用手段を使って決済するので、実際に現金を輸送する必要がなくなります。

　例えば、日本のA社がアメリカのB社から商品を輸入した場合、A社は商品代金の1000万円をB社に支払わなければなりません。そこでA社は日本のC銀行に1000万円を支払い、アメリカのD銀行を通じてB社への支払いを依頼するのです。

　こうした方法を取ることにより、日本のA社は、直接現金を動かすことなく安全に代金を支払うことができるのです。

　実は、「外国為替」にはもうひとつの意味があります。

　外国との取引において代金決済をする場合、支払い条件が日本円以外であれば、円を相手国の通貨に交換しなければいけません。しかし、通貨によって、その価値はまちまちですから、異なる通貨同士を交換する場合、一定の**レート**（交換比率）が決められています。「外国為替」という言葉は、このレートを意味することもあります（＊）。

●円高・円安と為替リスク

　為替リスクとは、日本円以外で代金決済をした際に、為替相場の変動から発生する損失のことを言います。

［＊］為替レートの値動きは、各国の景気や経済の動向によって変化するのが一般的。ただし、政治家の発言や経済指標の発表結果によっても大きく下落（高騰）することがある。

代金決済は金融機関を通じて

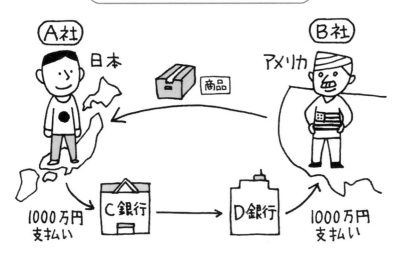

通貨には交換レートが決められている

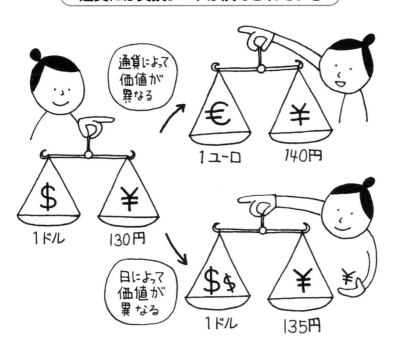

例えば、輸入契約がドル建ての場合で説明しましょう。

ある商品を輸入する場合、契約時には1ドル＝120円だったとします。ところが決済時には、**円安**に振れて135円になりました。

こうなると、1ドル当たり15円の損失が生じることになります。

逆に、たまたま**円高**になって得をする場合もあるでしょうが、いずれにせよ、見込みで動くことにはリスクがあります。そこで先物為替予約などの**リスクヘッジ**という考え方が登場してくるのです（→ STEP47）。

リスクヘッジとは、リスクを避ける（減らす）ことです。

では、リスクヘッジがなぜ必要なのでしょうか。

それは、為替の変動が、その企業や組織の業績に直接影響を与えるからです。

上の例では15円の損失となりましたが、企業が輸出入をする場合、輸出入の額は膨大ですから、わずか数円の値動きで何千万円もの損失が発生することもあり得ます。

あまりに損失額が大きければ、企業の存続に関わるかもしれません。したがって、為替の変動で大きな損失を被らないように、リスクを最小限に食い止める措置が必要なのです。

リスクヘッジ

危機を回避すること。為替では見込みと逆の方向に値が動くと損害を被る可能性があるので、予防策を施しておくことは不可欠である。

為替レートの変動で大打撃！

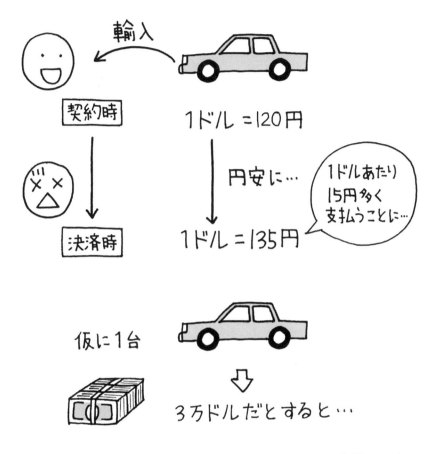

輸入

契約時

決済時

1ドル＝120円

円安に…

1ドル＝135円

1ドルあたり
15円多く
支払うことに…

仮に1台

3万ドルだとすると…

3万(ドル)×15(円)＝45万円の損失！

1ドル15円の損失でも巨額のダメージになる

決済には どんな方法がある？

▼ここで登場するキーワード
**決済　荷為替手形決済　荷為替手形　信用状　送金決済
ネッティング**

●海外取引ではリスクは避けられない

　商品の代金を支払うことによって、取引を終了させることを**決済**と言います。

　決済で重要なのは、国内の取引とは違い、相手が外国にいるためにさまざまなリスクが発生するということ。

　法律や制度が違う国同士で代金をやり取りするわけですから、商品の入手や代金の回収においてリスクが生じます。

　そのリスクをできるだけ回避するため、貿易の決済方法としていくつかの方法が採用されています。

● 3つの決済方法

　現在採用されている決済方式のうち、代表的なものとして次のような方式があります。後の章で詳しくふれるため、ここでは簡単に解説しておきましょう。

◎荷為替手形決済

　売主が商品を船積みしたあと、取引銀行に**荷為替手形**（船積書類と為替手形）を買い取ってもらい、代金回収を取引銀行に依頼するという方法。

　買主は代金を支払わない限り船積書類を入手できないため、売主の代金回収リスクは低くなります。

　この決済は、信用状（後述）を利用すればさらに確実になりますが、それが難しければ、手形支払書類渡し（D／P）や手形引受書類渡し（D／A）という方法がとられることになります（＊）。

[＊] D／Pは「Document Against Payment」の略。一方、D／Aは「Document Against Acceptance」を略したもの。それぞれ「ディーピー」「ディーエー」と読む。

荷為替手形決済のしくみ

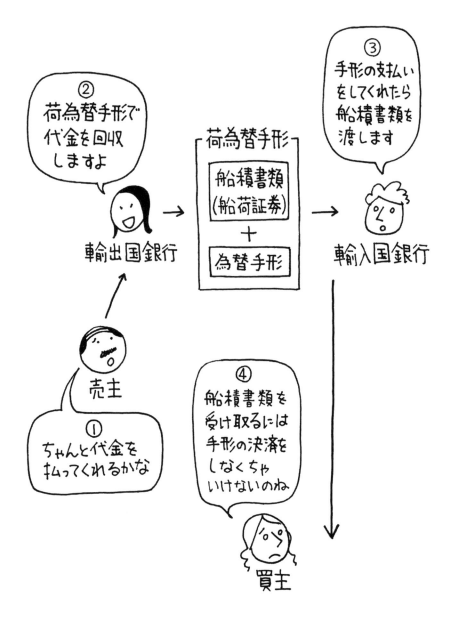

船積書類

「ふなづみしょるい」と読む。主に「船荷証券」「海上保険証書」「インボイス」のことを指し、これ以外に原産地証明書、税関送り状などが含まれることもある。

◎**送金決済**

　買い手が銀行を経由して売り手に送金するという、シンプルな方法。「普通送金」「電信送金」「送金小切手」の３種類がある。

　信頼関係が確立されている相手や少額の取引に向いている。

◎**ネッティング**

　売り手と買い手の間で、銀行を通さずにお互いの貸し借りを相殺する方法。取引のある企業間で採用され、一定期間の取引を計算したあと、その差額を決済する。

●現在の主流は送金決済

　決済には「信用状（Ｌ／Ｃ）」が使われることがあります。

　信用状とは、簡単に言うと、銀行が買主の代わりに売主に対して確実に支払いをすることを保証した書類のことです。

　かつては、信用状をベースにした取引が主流でしたが、現在は送金ベースの取引の割合が増えてきており、信用状を使ったＬ／Ｃ取引はすべての貿易取引の25％ほどの比率になってきています。

　その背景には、わが国の貿易取引において、輸出の７割超、輸入の５割超が日本企業の海外現地法人との取引であるという現状が影響しているのでしょう。

　これは一種の企業内取引なので、銀行の保証を必要とする信用状が必要ないのです。

●少額の際、便利な決済方法

　「クレジットカード決済」や「オンライン決済」を利用するのも手です。相手側が対応可能かどうか確認し、お互いに問題がなければ活用しましょう。オンライン送金サービスは、アカウントの有無にかかわらず先方の銀行口座に直接送れるものも少なくありません。手数料も安く、利用できる金額の上限が設定されていることも多いので少額の決済に向いています。

決済手段にはどんなものがある？

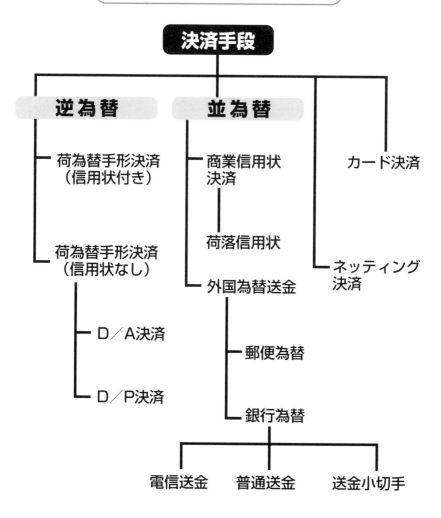

貿易決済の方法は、大きく分けると上の
ように分類され、それぞれにメリット・
デメリットがある。なお、並為替、逆為
替についてはSTEP27を参照。

荷落信用状

振り出された手形に船積書類が付かないもので Clean L／C とも呼ばれる。代理店手数料、運賃保
険料の支払いを保証するために使われる。

貿易取引の全体像をつかもう

▼ここで登場するキーワード

**L／C（信用状） B／L（船荷証券） D／O（荷渡指図書）
CY（CFS）**

●おおまかな流れを把握しよう

貿易は、当事者（輸出者・輸入者）だけでなく船会社や銀行、保険会社など多くの関係者の間で、さまざまな手続きが行われます。

個々の手続きについては該当する解説ページを見ていただくとして、ここでは取引の"全体像"を見てみましょう。

おおまかな流れを、以下の❶〜㉔にまとめてみました。

わからない専門用語はひとまず脇に置き、この流れを頭に入れたうえで2章以降に進んでください。なお、項目の頭にある数字は52〜53ページの図と対応しています。

❶ 輸出者・輸入者

売買契約が成立する。

❷ 輸入者

銀行にL／C（信用状）の開設を依頼する。

❸ 輸入地の銀行

信用状を発行し、取引のある輸出地の銀行に信用状を送付する。

❹ 輸出地の銀行

輸出者に「信用状到着」の連絡を入れる。

❺ 輸出者

信用状の内容が契約書通りになっていることを確認し、通関業者に輸出の手続きを依頼する。

❻ 輸出者・輸入者

貿易条件によって、それぞれが保険の申し込みをして、保険証券を入手する。

❼ 通関業者

税関に輸出申告手続きを行う。

❽ 税関

書類内容や商品の現品を検査し、輸出許可書を発行する。

❾ 通関業者

船会社に船積みの
手続きを依頼する。

↓

❿ 船会社

貨物を受け取ったあと、B／L
（船荷証券）を発行する。

↓

⓫ 輸出者

B／Lを入手したら、輸出代
金回収のための書類をそろえ、
輸出地の銀行に荷為替手形を
持ち込んで買い取りを依頼する。

↓

⓬ 輸出地の銀行

書類を確認後、輸出者に手形
代金を支払う。

↓

⓭ 輸出地の銀行

書類一式を輸入地の銀行に
送付する。

↓

⓮ 輸入地の銀行

書類入手後、輸出地の銀行に
対して手形代金を支払う。

↓

⓯ 輸入地の銀行

輸入者に書類の到着を
通知する。

↓

⓰ 輸入者

輸入地の銀行に手形代金を
支払い、B／Lを取得する。

↘

⓱ 輸入者

D／O交換に必要な書類を
通関業者に渡し、輸入手
続きを依頼する。

↓

⓲ 船会社

通関業者からB／Lを受け取った
ら、貨物の受け取りに必要な
D／O（荷渡指図書）を発行する。

↓

⓳ 通関業者

輸入申告書を作成して、税
関に輸入申告手続きをする。

↓

⓴ 税関

書類内容や現品を検査し、
輸入許可書を発行する。

↓

㉑ 通関業者

輸入許可書とD／Oを
CY(CFS)に提出する。

↓

㉒ CY(CFS)

書類の確認後、通関業者に
貨物を引き渡す。

↓

㉓ 通関業者

貨物を輸入者が指定した
場所に転送する。

↓

㉔ 輸入者

貨物を検品後、問題がなけれ
ば納品や国内販売を開始する
（問題があれば保険会社、通関
業者や輸出者に連絡）。

各項目はかなり単純化した表現になっています。実際の手続きでは、複
数の選択肢や例外がありますので、必ずしもこの通りにはいきません。

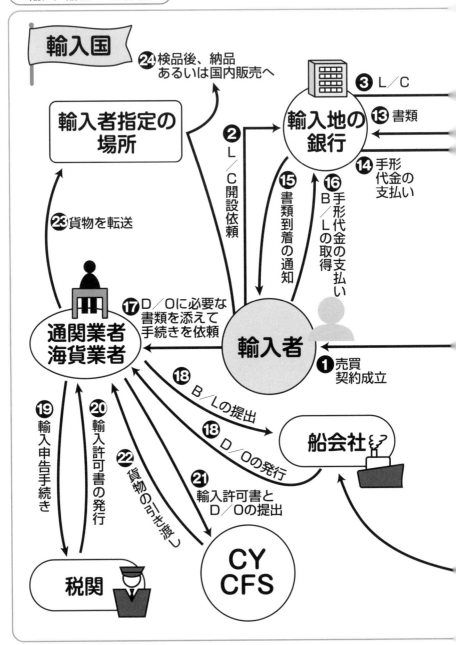

㉔検品後、納品あるいは国内販売へ

輸入国

輸入者指定の場所

❸L／C

❶❸書類

輸入地の銀行

❷L／C開設依頼

❶❹手形代金の支払い

㉓貨物を転送

❶❺書類到着の通知

❶❻B／Lの取得・手形代金の支払い

❶❼D／Oに必要な書類を添えて手続きを依頼

通関業者海貨業者

輸入者

❶売買契約成立

❶❾輸入申告手続き

㉑輸入許可書の発行

㉒貨物の引き渡し

❶❽B／Lの提出

❶❽D／Oの発行

船会社

㉑輸入許可書とD／Oの提出

税関

CY CFS

●L／C＝信用状、B／L＝船荷証券、D／O＝荷渡指図書

●❻→作図の都合上、矢印を省略しているが、保険への申し込みは輸入者も必要

●輸入地の銀行は「開設銀行」、輸出地の銀行は「通知（買取）銀行」と言う（→STEP39）

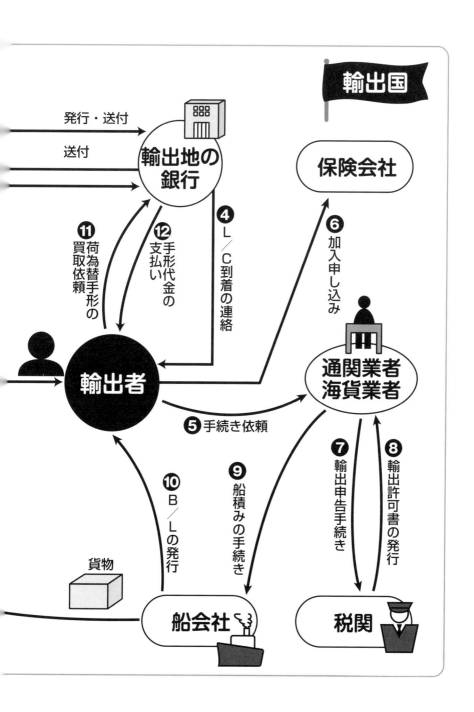

輸出国

発行・送付

送付

輸出地の銀行

保険会社

⑪ 荷為替手形の買取依頼

⑫ 手形代金の支払い

④ L／C到着の連絡

⑥ 加入申し込み

通関業者海貨業者

輸出者

⑤ 手続き依頼

⑩ B／Lの発行

⑨ 船積みの手続き

⑦ 輸出申告手続き

⑧ 輸出許可書の発行

貨物

船会社

税関

職人気質のドイツ人

　ドイツ人はひと言で言うと、質実剛健。秩序を守り、真面目で几帳面なところは日本人にとても似ています。職人気質で自分の仕事に誇りを持っているため、品質面が問題になることはなく、信頼のおける取引相手と言えます。

　しかし、製品の仕様変更を頼む際には、このプライドの高さが大きな問題となります。「長年これで受け入れられてきたのに、なぜ変えなくてはいけないのだ」という反応をされてしまうのです。

　こうすれば売れるのに……といった日本人の好みに合わせるような仕様変更は、まず受け入れられませんので、あきらめたほうが良いでしょう。あまり強引に頼み込むと、「変えるくらいなら取引なんてしなくていい」と、契約そのものがダメになるおそれもあります。変えなければ日本で使えないというような場合も、根気良く事情を説明し、なおかつ相手のプライドをくすぐるようなやり方で説得するようにしましょう。

　ドイツ人はまた、日本人と同じくらい集団意識が強いという側面があります。

　取引先を仲間と思って大切にしてくれるため、そう言った意味では、とてもやりやすい仕事相手となるかもしれません。

　個人的には、ドイツ人は日本人が失ってしまった優しさを今も持ち合わせていると思います。実際、駅や街中で私は何度となく彼らの善意に助けられました。

　ドイツ人と取引をすると、そういった温かな面にもふれることができると思います。

第 **2** 章

輸入取引の実務を学ぼう

輸入取引の流れを理解しよう

▼ここで登場するキーワード

市場調査　法的規制　信用調査　代金決済　貨物引き取り

●まずは流れを理解することから

　貿易実務は、「輸入」と「輸出」の２つに分けられます。

　ここではまず、輸入取引の流れを簡単にご説明しておきましょう。

　取引の全体像は右のページのようになります。

　詳しくは個々のページでご説明しますが、ひとまず❶〜⓱が輸入取引の大まかな流れだと考えてください。以下、STEP14〜17は57ページの流れ❶〜⓱に対応してお話ししています。。

　輸入取引の目的は、一言で言えば「海外から魅力的な商品を探し出して国内で販売する」こと。

　そのためにはまず、国内での**市場調査**から始めます。市場調査によって商品を決めたら、扱うものが**法的規制**にふれていないか確認したり、取引相手の**信用調査**をしたりしなければいけません。❶〜❹は、いわば輸入の下準備と言ってもいいでしょう。

　それが済んだら、実際の取引の申し込みやサンプルのオーダー、見積書の依頼など、いよいよ本格的な実務に入っていきます。

　その後は、輸出者と契約を結び、**代金決済、貨物引き取り**を経て、最終的に国内販売となるのです。

　特に貨物の引き取りは重要です。それまでの手続きがうまく進んだとしても、商品を受け取れなければ台無しになってしまうからです。実務においては、このことを忘れないでください。

❶**市場調査をする**
国内でのニーズを探り、
輸入商品を決定する

↓

❷**輸入に関する
法律・規制を調べる**
選んだ商品が日本に輸入できるか
どうか調べる

↓

❸**取引先を発掘する**
選んだ商品を扱っている
輸出業者を探す

↓

❹**取引先の
信用調査をする**
探し出した輸出業者が安心して
取引できる業者か調べる

↓

❺**取引の申し込みをする
（引き合い）**
輸出業者にアピールしながら、
取引の申し込みをする

↓

❻**サンプルを入手する**
サンプルとして商品をオーダー。
サンプル＝無料ではないので注意

↓

❼**オファーを出す**
見積書を依頼して、
細かい取引条件を確認する

↓

❽**輸入条件について
交渉する**
輸入者側が作成した方が
有利に進められる

↓

❾**契約書を作成する**
輸入者側が作成した方が
有利に進められる

↓

❿**代金決済の準備をする**
取引条件が信用状の場合、
信用状の開設をする

↓

⓫**保険の契約をする**
取引条件にのっとって、
必要な保険の契約をする

↓

⓬**到着案内書を受け取る**
貨物到着の知らせを受ける

↓

⓭**代金決済をする**
手形や信用状などで
代金の決済を行う

↓

⓮**船積書類を受け取る**
代金決済後、
通関に必要な書類を入手する

↓

⓯**輸入申告をする**
船積書類を通関業者に送付し、
通関に申請する

↓

⓰**貨物を引き取る**
通関手続き完了後、貨物を引き取る

↓

⓱**国内販売の準備をする**
展示会出展などで販路を作っていく

TPP、EPA、FTAで変わる
関税フリーの流れを押さえておこう

▼ここで登場するキーワード
**TPP FTA（自由貿易協定） EPA（経済連携協定） CPTPP
RCEP 日EU・EPA**

●イギリスのＴＰＰ加盟で動き出した世界

　2023年3月31日、イギリスが**TPP**協定（環太平洋パートナーシップ協定）の加入合意に至ったというニュースが流れました。

　世界を驚かした「ブレグジット」、つまり、イギリスのEU（欧州連合）離脱が2020年1月31日のことでしたから、約3年での大きな決断に、世界はまた驚かされたのです。

　イギリスというヨーロッパ有数の経済大国が**TPP**に加盟したということは、今後、この自由化の流れはどんどん加速していくことが考えられます。

　日本とイギリスはすでに個別の**FTA（自由貿易協定）**を結んでいるため、日本への影響はそれほどないと思われますが、今回の加盟は自由化へのイギリスの意思表示なのでしょう。

●貿易や投資の自由化・円滑化を進める２つの協定

　イギリスが参加したTPPとは、Trans-Pacific Partnershipの略で、太平洋を囲む国同士で関税などをなくし、自由貿易化を目指す経済的枠組みのことをいいます。

　そもそも、貿易のルールは、WTO（世界貿易機関）が、161の国と地域の「全会一致」で決めることが原則となっていました。

　ところが、先進国と途上国が対立したこともあり、各国の思惑が入り交じる中、2001年から開始した交渉が停滞してしまったことから、それぞれの国同士が1対1で自由に条件を決める「二国間での交渉」が主流になります。

　その二国間交渉について定めた協定として、日本とイギリスがすでに交わしているFTAと**EPA（経済連携協定）**の2つがあ

TPPの構図

加盟11カ国
- 日本
- オーストラリア
- カナダ　・メキシコ
- ニュージーランド
- ペルー　・ベトナム
- シンガポール
- ブルネイ　・チリ
- マレーシア

2017年離脱 →　・米国

加盟合意 ←　・英国

加盟申請 ←　{・中国
　　　　　・台湾 など

出典　東京新聞 2023年4月5日 社説より

ります。幅広い経済関係の強化を目指して、貿易や投資の自由化・円滑化を進める協定で、それぞれ、以下のような特徴があります。

◎ **FTA**　Free Trade Agreement **「自由貿易協定」**

　特定の国や地域の間で、物品の関税やサービス貿易の障壁等を削減・撤廃することを目的とする協定

◎ **EPA**　Economic Partnership Agreement **「経済連携協定」**

　貿易の自由化に加え、投資、人の移動、知的財産の保護や競争政策におけるルール作り、さまざまな分野での協力の要素等を含む、幅広い経済関係の強化を目的とする協定

(外務省サイトより)

　近年世界で締結されている FTA の中には、関税撤廃・削減やサービス貿易の自由化に留まらない、さまざまな個性が見受けられます。

　しかしながら、二国間の交渉をずっと続けていくのは、さすがに非効率だということで、いくつかの地域でまとまって交渉する動きが生まれてきました。そのひとつが、環太平洋パートナーシップ「TPP」(**CPTPP** とも呼ばれる) です。

● TPP は高い水準のバランスが取れた協定

TPP は FTA の一種であり、オーストラリア、シンガポール、アメリカ、そして日本など計 12 か国で高い水準のバランスがとれた貿易を目指した経済連携協定です。途中でアメリカが離脱を表明したため、11 か国による大筋合意に至り、2018 年 3 月、チリで「環太平洋パートナーシップに関する包括的及び先進的な協定（TPP11 協定）」が署名されました。

TPP は 99％の品目について、関税を段階的に撤廃し、特に工業製品では最終的に撤廃率は 99.9％となります。中国など、15 か国が参加する **RCEP**（＊）での関税撤廃率の 91％と比べて高く、より高度な自由貿易協定と言えるでしょう。

その後、2021 年に申請していたイギリスの加盟承認が 2023 年 3 月に行われた他、2021 年に中国、台湾も参加を申請し、エクアドル、コスタリカ、ウルグアイも申請をしています。

中国には政治的な思惑が見え、アメリカとの関係からも日本としては加盟に慎重な立場を見せていますが、ウクライナも申請を検討しているなど、環太平洋の枠組みを超えてどんどんひろがっていくことでしょう。

● 90％超の農産品や工業品にかかる関税撤廃「日 EU・EPA」

TPP と同じく日本にとって大きな経済協定「**日 EU・EPA**」は、交渉開始から約 5 年をかけ、2019 年 2 月 1 日に発効されました。

EU と日本との間で農産品や工業品にかかる関税を日本が約 94％、EU が約 99％撤廃するという大きな影響を与える協定です。つまり、日本と EU あわせて人口約 6 億人、世界 GDP の約 3 割、世界貿易の約 2 割（EU 域内貿易を除く）を占める一大自由貿易圏が誕生したのです。

［＊］RCEP（アールセップ）東アジア地域の包括的経済連携のこと。Regional Comprehensive Economic Partnership の略。

アジア太平洋地域における経済連携とその構想

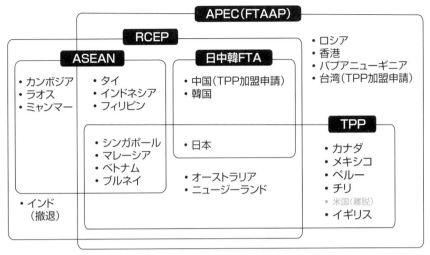

参考 公益財団法人ニッポンドットコム

　先に述べた TPP と「日 EU・EPA」が合わさると，長期的に日本経済に 2.5％の成長押し上げ効果を及ぼすとされています。

　このように地域ごとにさまざまな協定があり、このままいけば全世界的に関税フリーの状況になっていくのは間違いありません。

　輸入ビジネスにとって追い風と言えるでしょう。

　適用は申告制なので、忘れないようにしてください。

【輸入❶】
市場調査で商品を選ぶ

●まずはニーズを探ることから

　商品を選ぶときには、単に「何となく売れそうだから」ではなく、国内の**ニーズ（需要）**をしっかり探ることから始めなければいけません。ニーズがあるのに、市場に出回っていないものを選ぶことが、成功のポイントだからです。

　この場合、重要なのは「自分の得意な分野」で考えること。自分の専門分野や好きな世界であれば、ニーズや顧客の気持ちがわかるからです。

●商品を選ぶときの３つの考え方

　商品選びで重視すべき点は、大きく分けて３つあります。

　１つ目は、**希少性・新奇性**。外国ではヒットしているのに日本ではまだ流通していない商品や、趣味の世界など特定の**ニッチマーケット**に向けた商品などが、これに当てはまります。

　２つ目は、**独自性**。その国固有の文化から生まれた商品がこれに当てはまります。また、特許や意匠など知的財産権がからんだ商品もこれに含まれます。

　３つ目は、**低価格**。輸入国と日本との間の物価や人件費の差を利用し、安く提供できる商品です。

　この場合、目新しさはあまり問われません。すでに国内にあるものの、前述のような事情で圧倒的に安い価格で提供できる商品は、輸入商品として有効なのです（＊）。

知的財産権
知的創造活動の成果・業績を無形の財産とみなし、その創作者に一定の権利を与えるもの。

商品選びで重視すべき点は？

1 希少性・新奇性

- 日本でまだ流通していない海外商品
- マニアの収集品

海外限定もの♡

2 独自性

- 海外の民族衣装・民芸品
- ブランド品

3 低価格

- 海外生産のほうが安い商品

[＊] 日用品のほとんどは、海外で生産したほうが断然低コスト。運送費や保険をかけても、大量に輸入すれば割安となる。

【輸入❷】輸入に関する法律・規制を調べる

▼ここで登場するキーワード
植物防疫法　関税定率法　外国為替及び外国貿易法（外為法）
モントリオール議定書　ワシントン条約

●商品が届いても国内に持ち込めない!?

　第1章ですでに述べましたが、貿易に関してはさまざまな法的規制があり、何でも自由に輸出入できるわけではありません。

　ですから、販売目的で商品を輸入する場合、その商品の販売あるいは、輸入という行為が、法律で規制されていないかどうかを、事前に確認する必要があります。

　これを怠ると、商品が港に到着しても国内に持ち込めない、持ち込めても販売できない、という事態に陥るからです。

　輸入する商品が決まったら、まず輸入、販売の是非を税関に確認しましょう（＊1）。

●私が経験した手痛い失敗

　実は私も、この確認を怠って痛い目に遭った思い出があります。

　スペインで見つけたテーブルランプを輸入しようとしたときのことです。

　ものはテーブルランプですし、法律に引っかかることはないように思えたのですが、実際には港で止められてしまいました。商品を出展する見本市の開催3日前の出来事でした。

　このランプはガラスのボディ部分に"ドライフラワー"が入ったものだったのですが、そのドライフラワーが**植物防疫法**に引っかかってしまったのです。植物防疫法では、海外から病害虫が侵入しないように、輸入植物などの検疫が義務づけられていたのです。私は、この法律のことをまったく知りませんでした。

　結局、ドライフラワーの部分を取り除くことで、なんとか輸入

［＊1］輸出入が禁止・規制されている品目は、「税関」の公式サイトでも確認できる。http://www.customs.go.jp/mizugiwa/kinshi.htm

輸入時に確認したい国内法

国内法	内容
関税定率法	麻薬や拳銃、爆発物や火薬類、化学兵器に関する物質、偽造貨幣、ポルノなど公序良俗に反する書籍類、知的財産権侵害商品などは輸入が禁じられている。
外為法	輸入に関して、割当てがあったり、承認が必要な物品がある。近海魚やたらこ、海藻類は割当てがあり、サケ、マスなどは経済産業大臣の承認が必要。
薬機法	医薬品、医薬部外品、化粧品、医療機器などは、厚生労働大臣の許可を受けた者でなければ輸入できない。
植物防疫法	日本国内への病害虫の侵入を防ぐために、特定の地域における特定の植物の輸入が禁止されている。植物に付着する土や、包装物も検疫の対象。
酒税法	アルコール飲料を輸入して販売する場合は、所轄の税務署長から酒類販売免許を得なければならない。
食品衛生法	食品などを輸入して販売する場合は、輸入港を管轄する厚生労働省検疫所の担当部署に「食品等輸入届出書」を届け出なければならない。
消防法	防炎性能の基準を満たした物品でなければ輸入・販売ができない。
産業標準化法	日本の工業標準を定めた法律で、認証された製品にはJISマークがつけられる。例えばコードやコンセントなどはJISを取得していなければ輸入はできても販売ができない。

できるようになりましたが、こうならないためにも、規制の確認を怠らないようにしてください。

●最低限知っておきたい法律は？

輸入に関する国内法の規制には、さまざまなものがあります。

まずは**関税定率法**。この法律では、麻薬や拳銃、爆発物や火薬類、化学兵器に関する物質、偽造貨幣、ポルノなど公序良俗に反する書籍類などを輸入できないものと定めており、こうした商品の輸入を禁じています。

また、**外国為替及び外国貿易法（外為法）**では、多くの海産物が非自由化品目に指定されています。近海魚やたらこ、海苔、昆布などの海藻は輸入割当てが決められており、クジラやクロマグロ、サケなどは経済産業大臣による承認が必要になります。

このほか、輸入時にチェックしておきたい法律としては、薬機法、酒税法、食品衛生法などがあります。

なお、輸入後の販売については、消防法や産業標準化法などに基づいて、届け出や表示が求められる場合があるので注意してください（＊2）。

国際法としては、**モントリオール議定書**や**ワシントン条約**があります。モントリオール議定書は、オゾン層を破壊する物質の取引に制限を課したもの。また、ワシントン条約は、絶滅のおそれのある野生動植物の取引を禁じた国際的なルールです。

[＊2] 例えば炭は使用用途によっては薬事法もしくは消防法の届け出が必要になる。また、ライターは高圧ガス保安法の適用除外物品とする手続きをしなくてはならない。

ワシントン条約とは…

絶滅のおそれのある野生動物植物について
国際的な取引を規制した国際条約。
合計3万種が取引制限の対象となっている。

〈取引制限の対象となっている動植物一例〉

トラ　チンパンジー　ペンギン　ワニ

ラン　チョウ　アジアアロワナ

毛皮　ハンドバッグ

熊胆
漢方薬　象牙

加工製品も
規制の対象
なんです

【輸入❸】
取引先を発掘する─国内編

▼ここで登場するキーワード

国際見本市　バイヤー

●国内で取引業者を探すには？

　輸入したい商品が決まったら、それを取り扱っている業者を探さなければいけません。

　取引先の見つけ方としては、国内で見つける方法と海外で見つける方法の２通りがあります。そして、国内、海外それぞれにいくつかの方法があり、そのどれにもメリット・デメリットがあります。あなたに合った方法を選びましょう。

●国内の国際見本市で探す

　国際見本市は、国内で業者を探すためのベストな方法です。国内ということで手軽に行けますし、参加企業も自ら日本に来て売り込もうとしている積極的なメーカーばかりです（＊）。

　最大のメリットは、現物と相手の顔が見えるという点でしょう。インターネット時代になったとはいえ、取引は人間対人間です。ですから、相手に少しでも違和感を覚えたら要注意。売買に関するトラブルを回避するためにも、相手をよく見極めましょう。

　国内の見本市のデメリットは、商品の価格と競合の数です。

　前者に関して言えば、メーカーによっては自国での見本市より高めの価格設定をしていることがあります。元値を調べられるようなら、調べてから出向くのもひとつの手です。

　後者は、多くの日本人**バイヤー**の目にさらされるため、競合が多くなるということです。ただし、これは前述のような大きなメリットがある分、当然と言えるかもしれません。

［＊］ジェトロでは国内及び海外の見本市を網羅したデータベースを提供している。
http://www.jetro.go.jp/j-messe/

国際見本市の様子

▲日本国内で開催される見本市・展示会のなかには、来場者が10万人を超える大規模なものもある。

▲気に入ったものがあったら、早速ブースの担当者に接触。その場で具体的な商談が始まることも。

見本市における商談の進め方

❶ 気に入った商品があったら、ブースの担当者に声をかけ、興味があることや条件次第で取引したいことを告げる

⬇

❷ 独占販売権を取得したい場合は、その可能性を確認する

⬇

❸ 顧客との商談や品質確認のためにサンプルの発送を依頼する

⬇

❹ 取引条件について交渉する

⬇

❺ 交渉の窓口となる人を確認しておく

●インターネットで探す

　インターネットの検索エンジンを使えば、商品の情報や輸出業者を探すことができます。最大のメリットは、パソコンひとつでできる手軽さです。相手の顔が見えないというデメリットはありますが、相手の通信環境さえ整備されていれば、オンラインで交渉することもできるでしょう。

　商品情報を探す場合には、検索の仕方にちょっとしたコツがあります。もし、あなたがフランスから食器を輸入したい場合は、「tableware manufacture french」という検索語で情報を探してみましょう。

　ここで重要なのは、製造元を意味する「manufacture」と入れること。これを入れないと、オンラインショップや小売業者のサイトばかりが出てくることになります。

　現在はオンラインでの展示会も多く行われているため、商品を探しやすくなっています。活用するといいでしょう。

●在日大使館や領事館の商務部で探す

　輸出に積極的な国は、日本にさまざまなPR機関を置いて自国商品の輸出を促しています。大使館のHPをチェックしたり、イベントに参加したりして、自分が探したい商品の情報を担当者に伝えておけば、優先的に情報を流してくれるようになります。

●通販カタログで探す

　日本よりも通信販売が発達しているのが欧米です。通常は一般消費者向けですが、卸売業者を対象にした価格表を用意しているケースもあるので取り寄せてみましょう。一般消費者向けの業者でも、数量や条件によっては卸売りに応じてくれることもあります。

　海外のカタログは、現地での小売価格を知ることができる絶好のツール。日本での価格設定の参考にするためにも、チェックしておきたいものです。

取引先を探す手段、それぞれのメリット・デメリット

	メリット	デメリット
国内で開催される国際見本市	●現物と相手の顔が見える	●商品の価格設定が高め ●多くの競合が生まれる
インターネット検索やオンライン展示会	●パソコンひとつで気軽にできる	●現物、取引相手に直にふれられない
在日大使館や領事館商務部	●信頼できる取引先がそろっている	●信頼性のある情報が一斉に露出するため、多くの競合が生まれる
通販カタログ	●現地での小売価格がわかる	●現物、取引相手に直にふれられない

国際ビジネスマッチングサイト　JETRO e-Venue

https://www.jetro.go.jp/services/e-venue.html

　JETRO e-Venueは、独立行政法人日本貿易振興機構（ジェトロ）が運営する国際ビジネスマッチングサイト。日本語と英語で閲覧可能。世界各国の商品・サービスを比較・検討しながら、ビジネスパートナーを探すことができる。

【輸入❸】
取引先を発掘する─海外編

▼ここで登場するキーワード

独占販売権

●取引先を海外で探そう

　情報化社会の現代、商品は国内にいても見つけることができますが、実際に海外に出かけていくのが、もっとも手っ取り早い方法だと言えるかもしれません。ここでは、海外で取引相手を探す方法をいくつかご紹介しましょう。

●海外の国際見本市で探す

　日本の見本市と海外の見本市とは大きな違いがあります。日本の見本市は、決定権のないバイヤーが集まっている場合が多く、ともすると名刺の交換会になりがちですが、海外の見本市は全権委任されたプロのバイヤーが集まる、徹底した商談の場です（＊）。

　比較のためだけにカタログをもらおうとすると毅然と拒否されるなど、厳しいやりとりはあるものの、競合が少なく、ものによっては**独占販売権**が得られるかもしれないという利点があります。

　お金と時間、勇気がいりますが、可能なら一度は出向いてみましょう。

●現地の店舗で探す

　現地のお店を何軒かまわり、興味のある商品を手に取るのもひとつの方法です。

　パッケージに記されている製造元に直接問い合わせてみれば、取引の可能性があるかどうかがわかるでしょう。

　　［＊］世界の見本市の中には、「武器・兵器」「照明」「葬儀品」「健康」「サービス」「食品」「スポーツ」「テクノロジー」「IT」「介護」「本」などに特化したものもある。

海外の主な見本市

見本市の名称	開催地	テーマ
アンビエンテ	ドイツ：フランクフルト	生活消費財全般
メゾン・エ・オブジェ	フランス：パリ	生活消費財、家具、インテリア
HOMI	イタリア：ミラノ	テーブルウェア・ギフト用品
ニューヨークギフトショー	アメリカ：ニューヨーク	生活消費財、家具、文具など
シカゴショー	アメリカ：シカゴ	工作機械
アトランタ・インターナショナル・ギフト&ホームファニシングス・マーケット	アメリカ：アトランタ	ギフト、ホームファニシングなど
広州交易会	中国：広州	衣料、アクセサリー、日用品など
香港ハウスウェアショー	中国：香港	生活消費財、テーブルウェア

見本市以外の情報収集手段

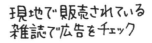

お店で気に入ったものを選び、メーカーに連絡してみる

現地で販売されている雑誌で広告をチェック

現地の問屋街、工場集積地で情報収集

【輸入❹】
取引先の信用調査をする

▼ここで登場するキーワード

信用調査　3C's

●信用調査で重要になる３つのC

取引先の候補が見つかったら、客観的に見て信頼して付き合える相手かどうかをチェックします。

これを**信用調査**と言います（＊）。

とはいえ、やみくもに情報を集めてもキリがありません。そこで **3C's（Three C's）** と呼ばれる項目を調査します。

1 性格（Character）

取引先の評判や信頼性、誠実さ

2 能力（Capacity）

技術力や営業力、売上高など、取引先の実績

3 資本力（Capital）

資本金や支払い能力などの状況

●信用調査は個人でも可能

信用調査は、専門の機関に依頼する場合と、個人で行う場合があります。

信用調査を「帝国データバンク」など専門の調査機関に依頼する場合は、料金はそれなりにかかるものの、客観的な信用情報を短期間で手間なく得ることができます。

また、個人で行う場合は、その業界で働く人や、取引先候補と付き合いのある人から、業界内での評判を得る方法があります。

相手の財務内容や支払い状況などは、取引銀行から得ることができるでしょう。銀行がサービスの一環として行っていますが、深い情報までは得られないというデメリットがあります。

[＊] 取引先の信用調査は、年に１回程度実施するといいでしょう。

信用調査の3C's

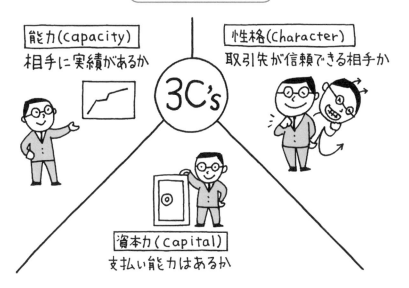

能力(capacity)
相手に実績があるか

性格(Character)
取引先が信頼できる相手か

3C's

資本力(capital)
支払い能力はあるか

個人で信用調査をするときのポイント

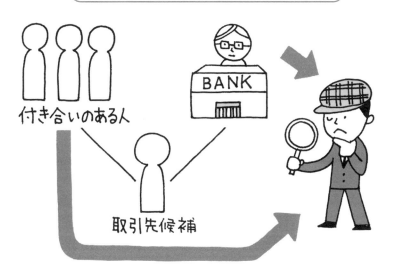

付き合いのある人

BANK

取引先候補

帝国データバンク
国内最大手の企業信用調査会社。海外の調査会社と提携しており、海外企業の調査も依頼できる。

●主観的な判断も忘れずに

　取引先の信用度を客観的にチェックすることも大切ですが、相手が信頼できるかどうか、"あなた自身"の目で判断することも重要です。

　その場合、何を基準にするかは人それぞれでしょう。

　私は、その業者が

・輸出の意欲を持っているか

・日本市場の法的基準を満たせるか

・要求する品質基準に応えられるか

を目安にし、これをひとつでも満たさない場合はあきらめるようにしています。そうでなければ長い付き合いはできないからです。

●日本への輸出経験はあるか？

　私の場合は、さらに「日本への輸出実績があるかどうか」を事前に確認します。これは「ある」「ない」、両方に利点があるためです。

　まず、実績がある場合、相手が日本の厳しい品質基準を理解しているため、説明の必要がありません。

　また、海外では、「包装は破り捨てるもの」という考え方がありますが、日本では包装の質にうるさいため、そこでトラブルが発生しかねません。こうした点も、過去に輸出経験があれば、改めて説明しなくて済むので取引がスムーズに進みます。デメリットは、輸出実績があるだけに、国内に取引相手が多いという点でしょう。

　次に輸出実績がない場合は、品質基準に関する説明や、包装の質に関する話し合いなど、かなり根気のいる作業が必要です。

　ただし、日本での競合がないため、独占販売権が取れるかもしれないという、大きなメリットもあります。

主観によるチェックのポイント

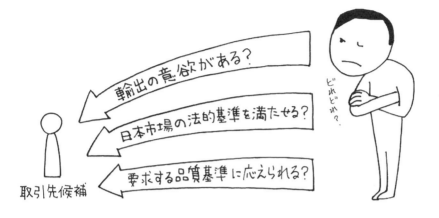

輸出の意欲がある？

日本市場の法的基準を満たせる？

要求する品質基準に応えられる？

どれどれ？

取引先候補

輸出経験の有無とメリット・デメリット

	輸出経験がある	輸出経験がない
メリット	●日本の品質基準をよく理解している	●独占販売権を得られる可能性がある
デメリット	●国内に多くの取引（競合）相手がいる	●日本の商習慣や文化について説明し、品質基準についても理解してもらわなければならない

【輸入❺】取引の申し込みをする（引き合い）

▼ここで登場するキーワード

引き合い

●相手のメリットを訴えながらアピールする

取引候補の信用調査が済んだら、いよいよ相手に取引の申し込みをします。これを**引き合い（Inquiry）**と言います。

引き合いは、相手にこちらとの取引意義をアピールして、カタログや価格表を送ってもらうことが目的（＊）です（見本市などでカタログなどをすでに入手していれば、次へ進んで構いません）。

カタログや価格表は、電話で送付を依頼する場合もありますが、最近はメールが一般的です。

依頼メールのポイントは、次の３つです。

①自分の紹介（業界、業種など）
②どのような経緯で相手を知ったのか
③どういった商品に興味があるのか

大切なのは、相手にメリットを感じさせつつ、自分をアピールすることです。

●引き合いは複数に打診しよう

可能なら、カタログの送付は、１社だけでなく複数の業者に頼みたいものです。なぜなら、相手が輸出を考えていなかったり、メールが届かなかったりすることがあるからです。

また、複数の業者から選ぶことで、価格やサービスなどを比較検討できるというメリットもあります。

相手がこちらの引き合いに興味を持ってくれれば、実際の契約に向けて一歩前進です。

［＊］引き合いでは輸出実績や販売状況などを確認することもある。

引き合いメールのサンプル

Dear Sirs,

We are the importer of furniture in Japan.
We are very interested in your products, which appears in your website.

Please send us your export price list by e-mail at your earliest
convenience.

If they suit the needs of Japanese customers, we would be able to place an initial order with you soon.

If possible, we would also appreciate it if you could send us some samples so as to check the quality.

We would be grateful for an early reply.

Best regards,

Yu Osuka

 訳　拝啓
私どもは、日本で家具を販売をしている輸入業者です。貴社のHPに掲載されている商品群にとても興味を持ちました。
できるだけ早めに、その商品群の価格表をメールにてお知らせくだされば幸甚です。
その商品群が、もし私どものお客様に受け入れられたとしたら、すぐにでも最初のオーダーをしたいと考えています。

もし可能であれば、品質チェック用のサンプルを送ってくだされば、感謝いたします。

早めの対応をお待ちいたしております。

敬具

大須賀祐

【輸入⑥】
サンプルを入手する

▼ここで登場するキーワード

サンプル　本オーダー　インボイス

●サンプルは後々まで必要になる

　サンプル（商品見本） は、品質や機能を実際に確認するという用途以外に、本オーダーをして、実際に商品が到着したときの「照合用」としても必要になります。サンプルがないと、**本オーダー**時に品質が違うものが届いても、相手の非を主張できず、泣き寝入りすることになりますから注意が必要です。

●サンプル請求の手順

　最近ではサンプルの請求も、カタログ同様、メールが主流です。

　通常はメールを送ると、輸出業者から請求書（＊）が届きます。また、このとき、同時にメーカーから国際宅配便の「輸入着払いの口座番号」に関する問い合わせが届きます。

　"基本送料は輸入者持ち"というケースが一般的ですから、金額をメーカーに伝えて、銀行か郵便局で支払いを済ませてください。メーカーによってはカードを扱っていることもあります。

　サンプルは、宣伝用のものは別として、「商品代金は無料。送料は有料」か「商品・送料ともに有料」という場合が多いようです。

　高額な商品ほど後者の場合が多いのですが、話し合いによっては無料にすることもできます。これは無料にしてくれと頼むのではなく、相手の条件通りにサンプルの代金を支払い、「本オーダーの際にサンプル代と送料分を値引いてほしい」とお願いするのです。私はこの申し出を断られたことはありません。

［＊］この請求書はインボイスと呼ばれる。インボイスは請求書や物品明細書を兼ねる多機能な書類。

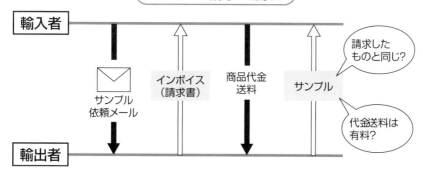

サンプル請求の流れ

サンプル依頼メールの例

Dear Sir,

Thank you so much for sending us your complete
catalogs together with export price list.
As we would like to place a sample order with you,
could you kindly let us know sample cost including
air-parcel postage.

BB-502 table lamp 5pcs
TD-113 table lamp 5pcs

Upon receipt of your information, we will make a remittance
ASAP.

Thank you in advance, and looking forward to hearing from you.

Best regards,

Yu Osuka

 訳

拝啓

先般は、価格表付きのカタログ一式を送ってくださいましてありがとうございます。
早速サンプルオーダーをしたいと考えていますので、航空運賃込みの総費用をお知ら
せくださいませ。

注文内容は、以下の通りです。
BB-502 テーブルランプ 5pcs
TD-113 テーブルランプ 5pcs

お知らせが届き次第すぐに、送金いたします。

あらかじめ感謝するとともに、お返事をお待ち申しあげております。

敬具

大須賀祐

【輸入❼❽】オファーを出す＆ 輸入条件について交渉する

▼ここで登場するキーワード
**オファー　カウンターオファー　ファームオファー
確認条件付きオファー　先売り御免オファー**

●条件提示にはいくつかのパターンがある

　サンプルを取り寄せて納得できたら、いよいよ輸入条件の交渉に入ります。こちらから商品購入の条件を提示することを**オファー**、それに対して、相手が条件などを変更して返してくることを**カウンターオファー**と言います。

　口頭でも可能ですが、後々のために、メールなど証拠が残る文書でやりとりを行うようにしましょう。

　提示するオファーには、さまざまな種類があります。

　ファームオファーは、買主の承諾について有効期間を指定するもので、買主が期限内に承諾すれば、その条件で契約は成立します。

　確認条件付きオファーは、買主が売主の条件を承諾しても、契約成立にはならず、売主の最終確認が必要なもの。また、**先売り御免オファー**は、商品数に限りがある場合などに適用されるもので、買主が条件を承諾しても商品が売り切れてしまえば契約は成立しないというものです。

●まずは見積書を取り寄せよう

　通常の取引では、まず、希望価格や希望購入数量、希望納期や引き渡し場所など、こちらの条件を明記して見積書を出してもらうよう依頼します。

　この見積書依頼がいわゆるオファー、返ってきた見積書がカウンターオファーと考えてください。

　見積書には、商品の価格はもとより、分量やサイズなど商品の明細が書かれています。このとき、購入数量や条件によっては金

オファーの種類

ファームオファー	確認申し込みオファーとも言う。承諾の有効期間を指定するオファー。指定した期限内は条件の変更・キャンセルはできない。
確認条件付きオファー	オファーを受けた側が承諾しても、出した側が確認・承諾しなければ契約は成立しない。
先売り御免オファー	商品が先に売れてしまえば、契約は成立しないというオファー。

額が変わってくることもあるので注意しましょう。

　また、相手が希望する貿易条件（→ STEP22）も明記されています。

　貿易条件は、FOB（本船渡し）と書かれていても、その会社がアメリカにある場合は、アメリカ式FOB（＊）となり、実質的にはEXW（工場渡し）になってしまいます。

　このように、貿易条件の誤解はトラブルの元になりやすいので、よく確認しておきましょう。

［＊］アメリカでは、多くの人が工場渡しや店先渡しのことをFOBと言う。したがって、アメリカの輸出者と商品を取り引きする場合、港（空港の運送会社の倉庫）を具体的に指定するのがベター。

【輸入❽】
貿易条件を理解する

EXW FOB FCA FAS CFR CPT CIF CIP
DPU DAP DDP

●貿易条件によって変わるリスク

　輸入条件の交渉に関連して覚えておきたいのが、STEP 6でご紹介したインコタームズにおける貿易条件4グループ13種です。

　どの貿易条件で取り引きするかによって、輸出者・輸入者それぞれが負担するリスクと費用の範囲が変わってきますし、保険加入の手続きなども変わってきます（＊）。

　では、それぞれどのようなものなのかご説明していきましょう。

◎ Eグループ

　Eグループは売主（輸出者）の負担がもっとも少ない引き渡し条件で、「EXW」の1条件のみです。

　EXWでは、売主が商品を自国の工場敷地内で買主（輸入者）に渡し、その後の費用（運送費や保険料）、リスクはすべて買主が負担します。

◎ Fグループ

　Fグループは、FOB、FCA、FASの3条件。費用とリスクは輸出地の港や空港で売主から買主に移ります。

　3条件のうち、FOBは実際の貿易でよく使われる条件です。

　売主は買主指定の船に商品を積み込みますが、売主が費用とリスクを負担するのは船上まで。それ以降は買主の負担になります。

　FCAでは、運送人に商品を渡すまで売主が費用・リスクを負担します。FCAは、FOBから派生した条件だと考えてください。

　では、なぜこのような条件になったのでしょうか。

［＊］アメリカでは、独自の貿易条件として「改正米国貿易定義（Revised American Foreign Trade Definitions）」が使われてきた。現在でも一部使われている場合があるので注意！

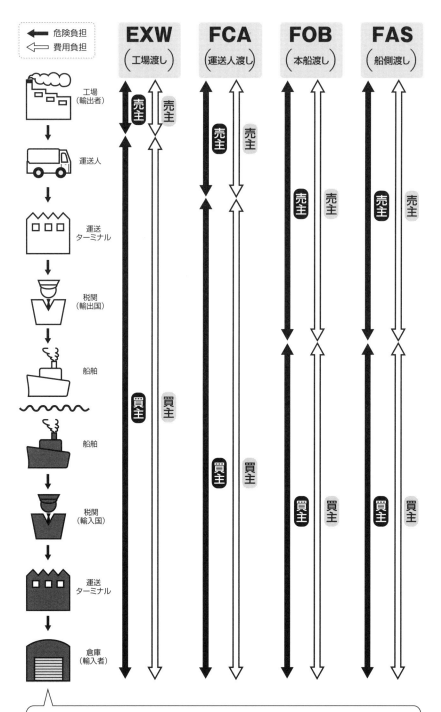

輸出者から輸入者までの流れを簡略化して示したもの。実際には、工場（輸出者）→運送人→運送ターミナル→税関（輸出国）→輸送（船舶）→運送ターミナル（輸入国）→倉庫→税関（輸入国）→運送ターミナル→倉庫／買主施設（輸入者）となる。

FOB が在来船を想定しているのに対し、FCA はコンテナ船での輸送を想定しています。在来船は、クレーンなどを使って船積みしますが、コンテナ船の場合、商品は船積みされる前に運送人に引き渡されます。FCA は、こうした新しい積み込み方式に対応できるように、つくられた条件なのです。

　FAS も、FOB と同様、在来船を想定した条件です。

　FOB と異なるのは、貨物が本船の側面につけられたときに費用・リスクが移ること。この条件は、おもに木材など海に浮かべた状態でも問題がない貨物で適用され、一般の貨物ではあまり採用されません。

◎ Cグループ

　C グループは、CFR、CPT、CIF、CIP の４条件です。

　売主は、輸入国までの運送費を手配しますが、リスクは輸出国の国内までしか負担しません。

　CFR は、FOB と並んで、実際の貿易でよく採用される条件で、「C&F」と呼ばれることもあります。

　貨物が本船に積み込まれた時点でリスクが買主に移るのは FOB と同じ。ただし、売主は輸入港までの運送費を負担します。

　CPT はコンテナ船輸送を想定してつくられた条件です。

　そういった意味では、FCA とよく似ています。

　FCA と同様、商品を運送人に引き渡した時点でリスクが売主から買主に移ります。売主は輸入港までの運送費を負担します。

　また、CIF では、売主は輸入港までの運送費に加え、保険も負担します。この CIF をコンテナ輸送用にアレンジしたのが CIP。

　CIP では、同じコンテナ輸送用の条件である CPT と同じように、売主がリスクを負担するのは、運送人に引き渡すまでです。

　また、売主は、CIF と同様、輸入港までの運送費と保険を負担します。

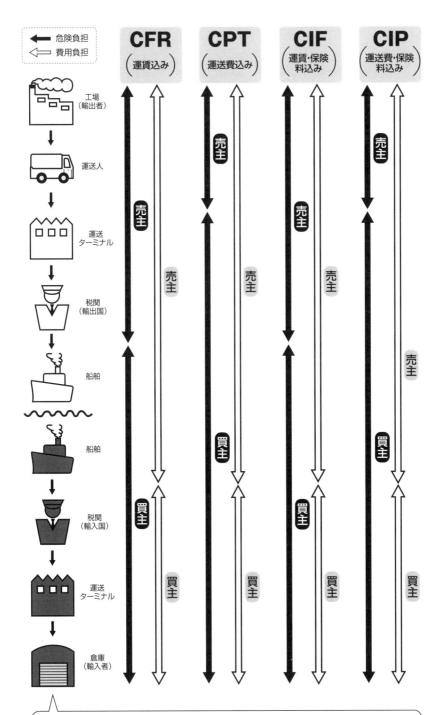

輸出者から輸入者までの流れを簡略化して示したもの。実際には、工場（輸出者）→運送人→運送ターミナル→税関（輸出国）→運送（船舶）→運送ターミナル（輸入国）→倉庫→税関（輸入国）→運送ターミナル→倉庫／買主施設（輸入者）となる。

◎ Dグループ

Dグループは、売主の負担がもっとも大きい条件で、DAP、DPU、DDPの3条件です。

DAPは、「インコタームズ2010」から新設された条件です。DAPは、輸入国側の指定仕向地において、輸入通関の前にリスクと費用が移転する条件。売主は、自らのリスクと費用でコンテナ船や航空機などの輸送手段を使って、指定仕向地まで輸送します。そして、荷卸しができた状態で、貨物は買主に委ねられます。DAPは、ターミナルなどに荷卸しした貨物をさらに他の場所に輸送して荷さばきをする場合に使われます。この場合、指定仕向地には配送センターなどの施設が利用されます。

DPUは、「インコタームズ2010」で新設されたDATに代わり「インコタームズ2020」から新設された条件で、輸入国側の指定仕向港や指定仕向地のターミナルにおいてリスクが移転する条件です。

この場合の指定ターミナルとは、コンテナ輸送の場合はCYやCFS、在来船輸送の場合は埠頭や港湾の保税倉庫、航空輸送では、エアフォワーダーの倉庫や空港のターミナルなどを指しています。

費用の分岐点は、リスクと同じくターミナルで移転します。また通関に関しては、輸出通関は売主が、輸入通関は買主が負担します。

DAPとDPUはほぼ一緒の条件であり、唯一、異なる点が、危険負担の部分です。DAPは荷下ろし前、DPUは荷下ろし後に、買い主に危険負担が切り替わります。押さえておきましょう。

DDPは、輸入国側の指定仕向地で、輸入通関まで売主が負担し、その後にリスクと費用が移転する条件です。

DDPもDAPと同じように、売主が自らのリスクと費用でコンテナ船や航空機などの輸送手段を使い、指定仕向地まで貨物を輸送します。さらに売主は、輸入通関費用、関連諸税を支払った後、輸送手段の上で貨物を買主に委ねます。その意味で、DDPはもっとも売主の負担が大きい条件だと言えるでしょう。

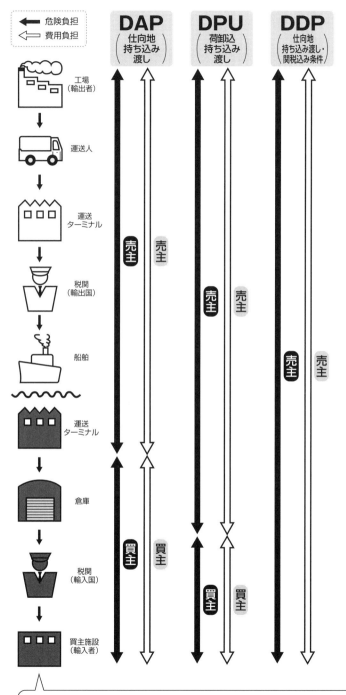

輸出者から輸入者までの流れを簡略化して示したもの。実際には、工場（輸出者）→運送人→運送ターミナル→税関（輸出国）→輸送（船舶）→運送ターミナル（輸入国）→倉庫→税関（輸入国）→運送ターミナル→倉庫／買主施設（輸入者）となる。

契約書を作成する

▼ここで登場するキーワード

契約書　品質条件　数量　船積日

●契約書はできる限り自分でつくろう

　条件に合意できたら、いよいよ契約です。**契約書**は取引先がつくる場合とこちらでつくる場合がありますが、取引先がつくる場合は、得てして相手に都合のいい形につくられています。

　以前、私が中国から商品を輸入した際、サンプルと違うものが送られてきたことがありました。裁判を起こそうとしたのですが、相手方が作成した契約書に「裁判は中国の法律に基づき中国で行う」と明記されており、私がそれに気づかずサインをしてしまっていたため、泣く泣くあきらめる羽目になったのです（＊1）。

　もし、自分で契約書を作成していれば、こちらに有利に進められたかもしれません。このようなことにならないよう、できる限り契約書は自分でつくるようにしましょう。

●絶対盛り込むべき3つの条件

　契約書を自分でつくる場合、契約書の裏面に、一般取引条項として、取引の条件を記載することができます。これを裏面約款（りめんやっかん）といいます。

　一般にトラブルが起きやすいのは、サンプルとの品質の違い、急な価格変更、納期の遅れです。これらを外国の業者に守らせるためには、次の3つをぜひとも盛り込んでください。

①価格に関する調整禁止（No Adjustment）

②船積期間の厳守（Shipment）

③契約不履行の場合の輸出者責任

　これらは、取引先のつくった契約書には当然含まれていません。

[＊1] 裏面約款には、必ず「裁判になった場合は、日本の法律に基づき日本で行う」と明記すること。

一般取引条項に入れるべき3条件

① 価格に関する調整禁止

② 船積期間の厳守

③ 契約不履行の場合の輸出者責任

自分で作成できない場合は、これらの項目を盛り込んでもらうよう交渉しましょう。

●契約書で特に気をつけたいこと

　契約内容は、契約書の表面（表面約款）に記載します。修正や追加事項などは手書きで記入しても構いません。その場合、手書き文字のほうが印刷内容（活字）より優先されます。

　契約書の体裁は、つくる人によってさまざまです。契約書の中で特に注意したいポイントは、下記の通りです。

◎品質条件（Quality）

　品質は何を基準に決めるか、またいつの時点で決めるかという問題があります（後述）。

　品質決定時点は特別な取り決めがなければ貿易条件によって決まりますが、品質そのものの条件に関しては、私は「As per the samples submitted（提出されたサンプル通り）」と記載することをおすすめします。これは品質が担当者の主観で左右されることが多いからです。

◎数量（Quantity）

　国際取引で使用される単位で記入します。

◎船積日（Time of Shipment）

　納期は、もうひとつの重要なポイントです。正確に日付を記載し、間違いのないようにしましょう。

●指示はすべて契約書に入れよう

　出荷する前に直してほしい点など、商品に関する指示がある場合は、必ず契約書に盛り込んでください。いくら口頭やメールで念を押しても、契約書に明記されていなければ書いていなかった

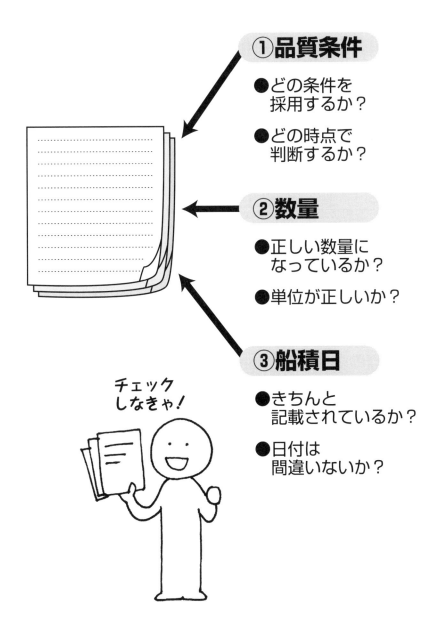

契約書の注意点

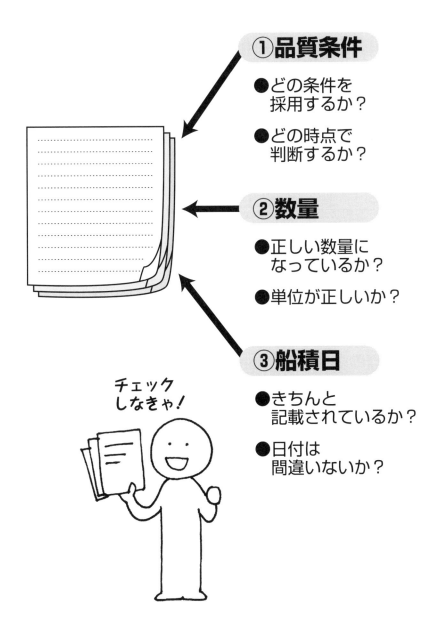

①品質条件

- どの条件を採用するか？
- どの時点で判断するか？

②数量

- 正しい数量になっているか？
- 単位が正しいか？

③船積日

- きちんと記載されているか？
- 日付は間違いないか？

チェックしなきゃ！

第2章　輸入取引の実務を学ぼう

93

と同じことにされてしまいます。

　以前、私は電化製品を輸入する際に、日本仕様のプラグに交換するよう、口頭で指示しました。しかし実際に届いてみるとそのままのものでした。曰く「契約書にありませんでしたから」とのこと。皆さんはこんな目に遭わないようにしてください。

●「品質」をどのように決めるか

　前述したように、契約書を交わす際には、納品する商品の品質（Quality）をどのようにして決めるかという問題があります。

　品質が変化したり、人によって見方が異なったりする場合、どの状態を取引の基準とするのか、当事者間で合意しておこうということです。この点を確認しておくことは、販売に関してだけではなく、後々クレームを発生させないためにも非常に重要です。

　まず、品質取り決めの条件を見ていきましょう。

◎見本売買（Sale by Sample）

　もっとも一般的な取り決めで、サンプル通りの品質で製品を納めるというもの。サンプル通りでなかった場合は契約違反になります。私は基本的に、この条件で契約書を交わすことをおすすめしています。

◎銘柄売買（Sale by Trademark or Brand）

　商標や銘柄（ブランド）を品質の基準とするもので、世界的に知られている有名ブランドの取引などに可能な条件です。

◎規格売買（Sale by Grade or Type）

　国際標準化機構（ISO）や日本工業規格（JIS）などの規格をもとに品質を決める方法で、工業製品などに多く用いられます。

◎標準品売買（Sale by Standard）

　農作物や水産物、木材など、見本と実際の商品との一致が難し

国際標準化機構
ISO（International Organization for Standardization）。1947 年発足。電気分野以外で国際的な規格や標準を制定する国際機関。

いものの取引に適用されます。商品の「標準」を当事者双方で取り決め、それからずれていたら取引価格を調整します。

◎**仕様書売買（Sale by Specification）**

　機械類などの取引に多く使われる条件で、図面などの仕様書をもとに品質を取り決める方法です。

● **品質をいつ決定するかが問題になる**

　品質条件を決めたら、次はその品質をいつの時点に設定するかを決めなければいけません。商品によっては、出荷時に十分な品質を保っていても、輸送中に劣化することがあります（＊2）。そういう場合は、責任の所在を明らかにしなくてはいけないからです。

　品質決定の時期には、2種類あります。契約書で特に取り決めがなければ、貿易条件によって決定時期を決められます。

◎**船積品質条件 (Shipped Quality Terms)**

　船積み時の品質が、契約書で取り決めた品質条件の通りであれば良いというもの。貿易条件がFOBやCIFの際に適用されます。FOBやCIFは輸出者の責任が本船渡しの時点で終了するためです。

◎**揚地品質条件 (Landed Quality Terms)**

　輸入地で陸揚げされた時点での品質が、契約書で取り決めた品質条件と一致していれば良いというもの。

　DATなど、輸出者が輸入地までの輸送費込みで責任を持つ場合に適用されます。契約時に貿易条件を決める際、品質の劣化などに不安があれば、たとえFOBやCIFでも揚地品質条件にするよう、交渉してみましょう。

[＊2] 同じような考え方に基づいたものに「数量条件」がある。積卸しをするたびに重量が変わる貨物（石炭など）は、数量を船積地・揚地のどちらに設定するか、あらかじめ決めておく。

【輸入⑩】代金決済の準備をする（信用状の開設）

▼ここで登場するキーワード
**信用状　銀行取引約定書　商業信用状約定書
輸入担保荷物保管に関する約定書　信用状開設依頼書**

●代金決済には複数の方法がある

輸入代金の支払いにはいくつかの方法があります。

信用状や送金のほかに、最近では郵便為替やクレジットカードで行うケースも増えてきています。また、荷為替手形を使う方法もあります。

信用状は、貿易全体の25％ほどしか使われておらず、多くはグループ会社同士のやりとりになりますが、それでも取引先から指定された場合を考えて、ここで勉強しておきましょう。

●信用状とは何か

信用状とは「Letter of Credit（L／C）」と言われる"支払い確約書"で、取引銀行が輸入者に代わって輸出者に発行するものです。

輸入者にとってのメリットは、信用状を開設することで、指定の期日までに船積みをしてもらえるという点でしょう。輸出者にとっては、代金を確実に回収できるというメリットがあります（＊1）。

デメリットは、銀行との信頼関係がなければ信用状そのものが開設できないという点です。

手続きには時間がかかりますし、開設できたとしても銀行との取引が浅い場合、L／C金額の50～100％に相当する額の保証金や担保の差し入れを要求されることがあります。

ただ、逆に考えると「L／C決済ができる＝銀行がその会社を信頼している」ということになり、これは取引先に安心感を与えることにつながります。

[＊1] 輸出側になった場合は、代金回収を確実にするために信用状決済がもっとも望ましい方法になる。

信用状 (L/C) とは?

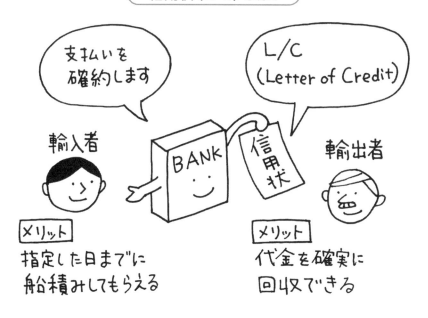

信用状の開設に必要な書類

銀行取引約定書

銀行と取引をするための基本的な取り決めを定めた書類。略称として「ギントリ」と呼ばれることもある。

商業信用状約定書

輸入時の信用状取引全般に関して約束事を定めた書類。銀行によっては輸出手形の買取りなどほかの外国為替取引も含めて外国為替取引約定書とすることも。

輸入担保荷物保管に関する約定書

代金を決済するまで、輸入品が銀行の担保になることを定めた書類。

信用状開設依頼書

信用状を開設するときに、詳しい信用条件などを記して銀行に提出する書類。添付資料として売買契約書などが要求される場合もある。

●信用状開設の際に用意するもの

初めて信用状を開設する場合、取引銀行に下記の①〜③の書類を提出します。

①銀行取引約定書

与信取引全般で使われる、基本の約定書。

②商業信用状約定書

あなたと銀行が信用状取引を行うための契約書で、銀行側が支払いを保証し、リスクや損害を回避するためのものです。

この書類により、あなたが代金の決済をするまでは、輸入された商品は銀行の担保として扱われることになります。

③輸入担保荷物保管に関する約定書

②で述べたように、信用状決済の場合、決済するまでは商品は銀行の担保になります。

しかし、銀行が商品を持ったままだと代金を回収できません。そのため銀行は、担保にした商品を輸入者に貸し渡して売却させ、その代金を回収します（貨物の貸し渡し（＊2））。この約定書は、上記の法的側面を明文化した書類です。

④信用状開設依頼書

これは①〜③の書類とは少し違い、取引をするたびに提出しなければいけません。銀行は取引のたびに与信行為をするので、その審査のために必要だからです。

この書類は契約書の内容を集約したもので、輸入者・輸出者が合意した内容を明示し、それに基づいて信用状を発行してもらうためのものです。ですから、銀行はこの開設依頼書に基づいて、あなたが指示した内容や条件で信用状を開設します。

なお、書類を作成する際、取引の際に相手と交わした約束事を正確に記入しておきましょう。

[＊2] 貨物の貸し渡しは輸入担保荷物保管証（Trust Receipt）を差し入れることから「T／R」と呼ばれる。

輸入担保荷物保管に関する約定書

商品は決済するまで銀行の担保扱いとなる。そのため、輸入者は、そのままでは銀行に代金を支払うことができない

そこで……

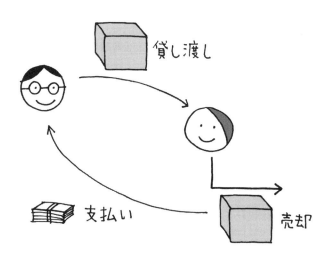

銀行は商品を輸入者に貸し渡し、
代金を回収する

▼ここで登場するキーワード
貨物保険　PL保険　単独海損分損担保　単独海損分損不担保　オールリスク担保　予定保険　確定保険　CIF価格

●無保険での輸入はリスクが高すぎる

輸入取引で必要な保険には、**貨物保険**（外航貨物海上保険）と、**PL保険**（生産物賠償責任保険）の2つがあります。

まずは、貨物保険からご説明しましょう。

運搬ミスによるちょっとした破損から思いがけない事故まで、輸送には、さまざまな危険がつきものです。そうした損害をカバーしてくれるのが貨物保険です。

輸（出）入取引では、国内取引よりも時間がかかりますし、より多くの人が関与します。つまり、それだけ商品輸送に関するリスクが高くなるということ。

したがって、保険をかけないで輸入をするのはあまりにリスクが高すぎます。貨物保険には必ず加入するようにしましょう。

また、当然ながら加入前の補償はされません。貨物保険には、輸送開始前に加入してください。

●基本は「オールリスク」でいこう

貨物保険は、貿易条件によって加入者が異なります。特に輸入者が輸送のリスクを負担するEXW、FOB、CFRのときは、輸入する側が保険の加入手続きをします。

貨物保険は、一般的に「海上危険」を担保にしています。

海上危険とは、遅延や荷造りの不備以外に起こりうる、輸送中の損害のこと。貨物の種類によっては**単独海損分損担保**（WA）や**単独海損分損不担保**（FPA）が適用されることもありますが（＊1）、基本はすべての損害をカバーする**オールリスク担保**（A／R）

[＊1] WAは輸送中の荒天による水濡れをカバーするのが特徴で、主に小麦や大豆などの農産品に適用される。水濡れがカバーされないのがFPAで、水濡れのリスクがない鉱業品に適用される。

輸入取引に関係するおもな保険

貨物保険

運送時のリスクをカバー

PL保険

製造・販売した商品の欠陥で生じるリスクをカバー

貨物保険の分類

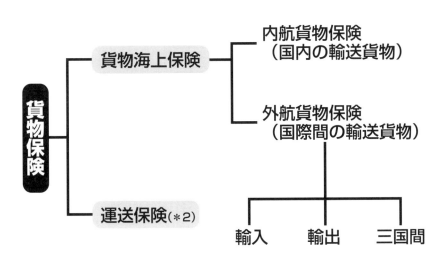

貨物保険
├─ 貨物海上保険
│　　├─ 内航貨物保険（国内の輸送貨物）
│　　└─ 外航貨物保険（国際間の輸送貨物）
│　　　　　├─ 輸入　　├─ 輸出　　└─ 三国間
└─ 運送保険(＊2)

を選びましょう。

　オールリスク担保を選んでも、カバーされないのが戦争ストライキ危険。これは戦争による損害と、港湾ストライキなどによる破壊行為のことで、特約扱いになります。

●いつ保険に入ればいい？

　先ほど「貨物保険には輸送開始前に加入せよ」と書きましたが、それではいつ加入すればいいのでしょうか。

　契約直後ですと、保険申し込みに必要な船名などがまだ確定していません。したがって、通常、契約締結後には**予定保険**に入ります。予定保険とは、輸送の詳細が決まる前に、仮の内容で加入しておく保険のこと。

　その後、船積通知（Shipping Advice）が来て船名や出港日が確定した時点で、**確定保険**に移行します（＊3）。

　なお、予定保険にも、個々の輸入のたびに申し込む「個別予定保険」と、一定期間内のすべての輸入貨物を予定保険にしてくれる「包括予定保険」があります。継続的に輸入する場合、手間とかけ忘れを考えれば、包括予定保険を使うのがおすすめです。

●保険料と保険金額はどれくらい？

　貨物保険で気になるのは、保険で損害をどれくらいカバーできるのかという点でしょう。

　保険会社が補償する最高限度額のことを保険金額と言いますが、通常の貨物保険では、以下のようになります。

　　保険金額＝ **CIF 価格**（→ STEP29）× 110%

　では、保険会社にあなたが支払う保険料は、どれくらいになる

3条件の補填内容はどう違う?

危険の具体例		基本条件		
		FPA	WA	A/R
沈没		◯	◯	◯
火災		◯	◯	◯
座礁		◯	◯	◯
衝突		◯	◯	◯
避難港での貨物		◯	◯	◯
積み込み・積み替え・荷卸し中の危険		△	△	◯
荒天遭遇による潮濡れ	本船、はしけが座礁、沈没、大火災が起きた場合	◯	◯	◯
	本船、はしけが座礁、沈没、大火災が起きなかった場合	◇	□	◯
盗難　破曲損　抜け荷、紛失、その他の付加危険		✕	✕	◯
戦争		✕	✕	✕
ストライキ		✕	✕	✕

◯は全損・分損とも担保
△梱包1個ごとの全損のみ担保
□小損害免責
◇全損のみ担保
✕補填されない

［＊3］貨物保険の流れは、契約→予定保険加入→船積通知→確定保険移行となる。この後、貨物の到着案内が船会社（運送会社）より届く。

のでしょうか？　計算は以下のようになります。

　　保険料＝保険金額×保険料率

　ちなみに1件当たりの最低保険料は、通常、3,000円とされています。

　貨物保険はかなり専門的な分野ですから、経験がないと申し込む保険の種類などもよくわからないでしょう。初めて輸入をする場合は、事前に保険会社に相談しておくことをおすすめします。

●商品の欠陥による損害を補償するPL保険

　貨物保険のほかに、もうひとつ入っておきたいのがPL保険です。

　「消費者が商品の欠陥が原因で生命や財産の被害に遭った場合、被害者は製造元及び販売元に損害賠償を求めることができる」というのがPL法です。輸入者は「販売者」にあたるので、商品に何か欠陥があれば、この責を負うことになります。

　PL保険は、訴訟になった際の法的賠償金と訴訟費用、また応急手当費用などを補填する保険なので、必ず加入してください。（＊4）

　なお、PL法対策としては、契約時に輸出者と交わす契約書に「商品の欠陥で損害賠償請求された場合、その分を請求できる」といった条項を盛り込んでおきましょう。

　また、商品に添える取扱説明書などは、現地のものをそのまま使うのではなく、日本語で丁寧にわかりやすくつくり直したり、危険がある場合は、注意を促す表示をつけたりしておくとよいと思います。何より、トラブルを起こしそうな商品は輸入しないことでしょう。

［＊4］PL保険には、食中毒事故などによる損害賠償をカバーする食品PL保険もあるので、食品を輸入する際にも加入しておきたい。

保険金額の計算方法

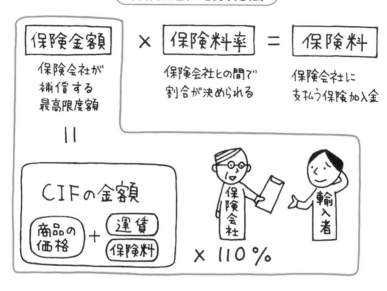

保険金額	× 保険料率	＝ 保険料
保険会社が補償する最高限度額	保険会社との間で割合が決められる	保険会社に支払う保険加入金

＝

CIFの金額

商品の価格 ＋ 運賃／保険料

× 110%

保険会社 輸入者

PL保険のしくみ

法的賠償金

訴訟費用

応急手当費用

発生する費用を保険会社が補償

製品の欠陥により被害が発生

保険会社 輸入者

到着案内書を受け取る

▼ここで登場するキーワード

到着案内書（Ａ／Ｎ）　フリータイム

●貨物が到着すると通知が届く

　貨物が港に入ってくると、船会社など運送会社が、輸入者に対して貨物の到着を知らせる書類を送付します。これを**到着案内書**（Arrival Notice：**Ａ／Ｎ**）と言います。

　運賃の請求書（Freight Bill）と一緒に送られてくることがありますが、Ａ／Ｎ自体が請求書を兼ねている場合もありますので、届いたらよく確認してください。

　信用状決済の場合、Ａ／Ｎが届く前後に、輸出地の銀行が輸出者から買い取った荷為替手形を含む書類（＊）が届きます（→STEP28）。届くのは、あなたが信用状を開設した銀行です。この場合は、銀行からもＡ／Ｎが送付されます。

●引き取りにも期限がある

　書類一式を受け取ったら、通関手続きに入ります。

　ただし、その前に、船会社に**フリータイム**の確認をしておきましょう。

　フリータイムとは、輸入貨物を引き取る際に、保管料の支払いが免除される一定の期間のこと。

　本船が輸入港に入港し、貨物がCY、CFSに移された後、5〜10日がフリータイムとなります。通関業務などに手間取ってこの期間に引き取れないと、超過保管料金がかかってしまいます。

　船会社によって、この期間はまちまちなので、事前に確認することを忘れないでください。

［＊］ここで届く書類は「船積書類」と呼ばれる。（→ STEP28）。

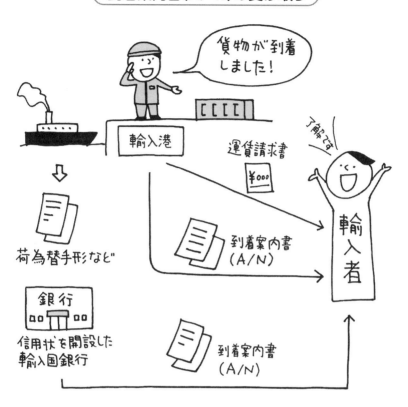

到着案内書(A/N)の受け取り

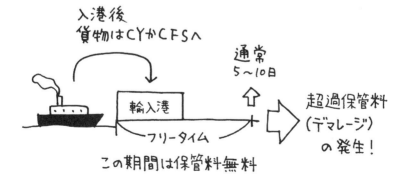

フリータイムのしくみ

【輸入⑬】
代金決済をする

▼ここで登場するキーワード
送金　並為替　D／P決済　D／P手形　D／A決済
D／A手形　逆為替

●主流は信用状以外の決済

契約を締結し、保険にも加入したら、いよいよ代金の決済に入ります。

輸入代金の決済には、STEP24で述べたように、信用状（L／C）以外の決済方法が多く採用されています。

特に小口取引の場合は、クレジットカードや国際郵便為替が使われることが一般的。そこで、ここでは信用状以外の決済方法について解説していきましょう。

●もっとも手軽なのは「送金」

送金は、自分の取引銀行（郵便局）から、相手の口座に振り込む方法で、もっとも手軽な方法です。支払いの指図とお金の流れが同じ方向（買主→売主）なので**並為替**と呼ばれます（＊）。

契約の段階で、通常は「前渡し○％、船積み後○％」となっていることが多いので、そのタイミングで振り込みましょう。

送金は、ほかの方法に比べて簡単で手数料が安いため、多く利用されています。しかし、全額前払いという契約の場合は、商品が届かなかったときに輸入側が大損になりますし、全額後払いだと、輸出者が代金を回収できなくなるおそれがあります。そのため、高額の取引には不向きです。

代金決済を送金扱いにしたい場合は、必ず分割払いできるよう契約書に盛り込みましょう。

国際郵便為替
国際送金のこと。郵便局で送金額（日本円）と手数料を現金で支払い、受取人住所へ為替証書を送付。
受取人が現地の郵便局に証書を持ち込むと、その日のレートの現地通貨で支払われる。

外国為替 2種類の決済方法

送金為替（並為替）	買主が売主にお金を送る
取立為替（逆為替）	売主が買主からお金を取り立てる

並為替のしくみ

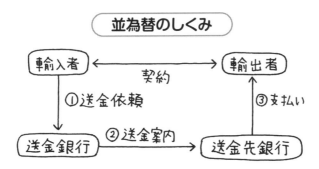

取引相手が信用できる場合や小額取引の場合に採用される。逆為替はもっぱら輸出代金の回収に使われる。

送金のメリット・デメリット

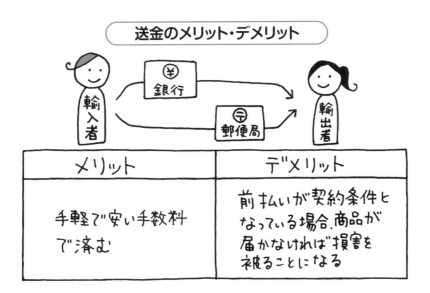

メリット	デメリット
手軽で安い手数料で済む	前払いが契約条件となっている場合、商品が届かなければ損害を被ることになる

[＊] 手形を使った決済は、為替手形の動く方向と資金の動く流れが逆になるため、並為替に対して、**逆為替**と呼ばれている。

●輸入側に負担のかかる D ／ P 決済

　手形決済には信用状（L ／ C）のついていないケースがあります。

　これが **D ／ P 決済**、**D ／ A 決済**というもので、どちらも銀行の保証がありません。ですから、輸出者にとっては輸入者への信頼のみが頼りになります。D ／ P 決済は、**D ／ P 手形**（Document Against Payment）と呼ばれる荷為替手形を使います。

　輸入者が、輸入地の銀行で船積書類（→ STEP28）を受け取る際、荷為替手形の決済と引き替えに書類を渡されるというもので、「手形支払書類渡し」という方法です。

　L ／ C に比べて開設の費用や手間はかかりませんが、基本は商品の到着前に全額を支払うシステムなので、輸入者にとっては負担が多いと言えるでしょう。

●輸入側に有利な D ／ A 決済

　D ／ A 決済は、**D ／ A 手形**（Document Against Acceptance）という荷為替手形を使います。輸入者が輸入地の銀行で船積書類を受け取る際、「支払期限付き条件」のついた為替手形を振り出して荷為替手形を決済し、後日、定められた期日内に支払うことを約束します。そして、その条件に了解してサインすると船積書類が渡されるというもの。これは「手形引受書類渡し」という方法です。

　手形期日には、シッパーズユーザンスと呼ばれる、一定期間のうちに代金を支払う条件がつきます。「D ／ A 120days after sight」とあったら、手形を引き受けた日から 120 日後に払うという意味です。このシステムだと、後払いのために資金繰りが楽になりますし、代金決済前に商品を受け取ることができるので、万が一不都合があった場合、クレーム交渉を有利に進めることができます。

D／P決済のしくみ

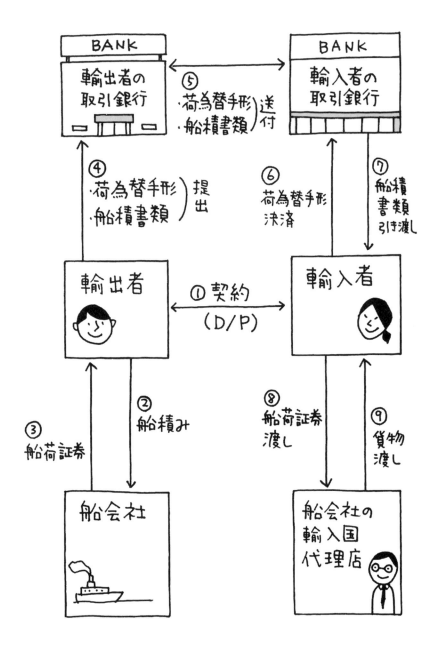

BANK　輸出者の取引銀行

BANK　輸入者の取引銀行

⑤・荷為替手形・船積書類）送付

④・荷為替手形・船積書類）提出

⑥荷為替手形決済

⑦船積書類引き渡し

輸出者

輸入者

①契約（D/P）

②船積み

③船荷証券

⑧船荷証券渡し

⑨貨物渡し

船会社

船会社の輸入国代理店

【輸入⑭】
船積書類を受け取る

▼ここで登場するキーワード

船積書類　インボイス　パッキングリスト　船荷証券（B ／ L）

●貨物を引き取るための大切な書類

　STEP26 で「荷為替手形を含む書類が、信用状を開設した銀行に届く」とさらっと書きましたが、この書類はとても大事な書類で、**船積書類**と言われるものです。船積書類は輸出者が船積みを終えたあと送付されます（＊）。

　船積書類は STEP42 でも詳しく述べますが、①**インボイス**（出荷案内書や物品明細書、請求書を兼ねた商業送り状）、②**パッキングリスト**（梱包明細書）、③運送書類（**船荷証券**）、場合によっては④保険料請求書（Debit Note）も含まれる、輸出者側が用意する書類です。

　特に大事なのが③の船荷証券。これは貨物の引換券であるため、これがないと貨物が引き取れないのです。

●いろいろな役割を持つ船荷証券

　船荷証券は、船積完了時に船会社が貨物を受け取った証明として輸出者に発行する証券のことで、**B ／ L**（Bill of Lading）と呼ばれます。

　輸出者は船荷証券を入手しないと代金回収に取りかかれず、輸入者は船荷証券がないと貨物を引き取れないため、貿易取引の中でももっとも重要な書類と言えるでしょう。

　船会社の貨物受け取り証明、運送契約書、貨物引き取りの権利証券、転売可能な有価証券……ざっとあげるだけでも、船荷証券にはこれだけの役割があります。

　船荷証券に関しては STEP45 で詳しく説明します。

［＊］インボイスとパッキングリストはメールや FAX で送られてくる場合も。船荷証券は信用状決済の場合は開設銀行から輸入者に送られ、原産地証明書や保険請求書は航空便などで届く。

船積書類の内訳

船積書類
> 基本は……
> ①インボイス（商業送り状）
> ②パッキングリスト（梱包明細書）
> ③運送書類（船荷証券）
>
> ＋
>
> 場合によっては……
> ●保険料請求書
> ●検査証明書
> ●原産地証明書　　　など

船荷証券には複数の役割がある

いろいろな顔が
あるんだよ…

船荷証券
B/L（Bill of Lading）

- 貨物受け取り証明
- 運送契約書
- 貨物引き取りの権利証券
- 転売可能な有価証券

【輸入⑮】
輸入申告をする

▼ここで登場するキーワード
通関士　保税地域　従価税　従量税　CIF価格
基本税率　協定税率　WTO　暫定税率

●まずは必要書類をチェックしよう

　代金決済と船積書類の受領が済んだら、輸入申告をして、貨物を引き取ることになります。輸入申告は、平たく言えば「税関に必要書類を提出して、関税の納付に関する申告をする」こと。

　この手続きは、**通関士**という国家資格を持った通関業者に依頼するのが一般的です。もちろん自分でやることもできますが、費用対効果を考えると、依頼するのがベストな選択でしょう。

　通関業者に依頼するときに用意するのは、船積書類に入っていた①インボイス（商業送り状）、②パッキングリスト（梱包明細書）、③B／L（船荷証券）、そして④保険料請求書です。

　貨物の内容によっては、特恵原産地証明書（Form A）、原産品申告書、成分分析証明書、輸入承認書が必要になる場合もあります。

●輸入通関の流れ

　貨物は関税を支払わないと引き取れませんが、関税を支払う前は、**保税地域**（関税を一時的に留保できる場所）に搬入されます。

　その後、通関業者が通関手続きに入ります。

　通関業者は、輸入者から受け取った書類を元に、実行関税率表に照らし合わせて関税をチェックし、関税額と消費税額を決定して申告書を作成します。税関が申告書（場合によっては現品も）を審査し、関税額を決定します。

　関税額を納付後、輸入許可書が発行されますので、それを受け取ったら、めでたく貨物の引き取りにかかれます。

特恵原産地証明書
開発途上国から輸入する際に輸出側に用意してもらう書類。これがないと特恵関税の適用を受けられない。

原産品申告書
日・EU EPA、日英EPA、TPP等を利用する際に必要な書類。

通関はどのように進む？

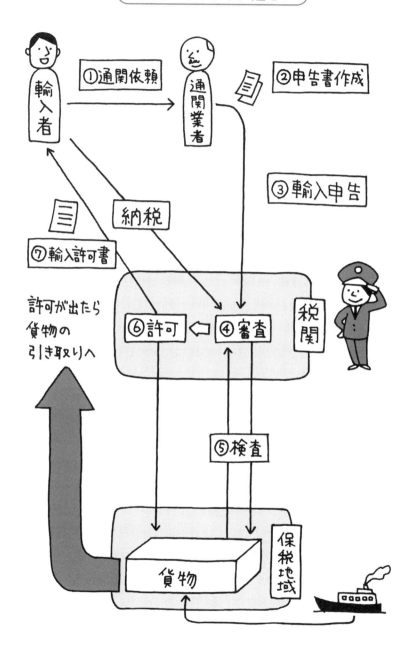

輸入者

①通関依頼

通関業者

②申告書作成

③輸入申告

納税

⑦輸入許可書

許可が出たら貨物の引き取りへ

⑥許可 ← ④審査

税関

⑤検査

貨物

保税地域

●関税ってどんな税金なの？

ところで、「関税」とは何でしょう？

関税とは「国境または経済的境界を越す貨物に課される税金」のことを言います。

関税は価格に対する**従価税**がほとんどですが、ガソリンやお酒、たばこなど、重量や数量に対してかけられる**従量税**もあります。この2つが組み合わさった混合税もあります。

輸入の場合、関税は **CIF 価格**＝「*輸出地の船積港価格（Cost）＋ 海上保険料（Insurance）＋ 運賃（Freight）*」に対してかけられます。そのため、貿易条件が工場渡し（EXW）の場合は、工場から輸出港までの運賃、保険料、輸出通関費用も合算されます。

関税は、輸入許可書をもらうために支払うものと考えてもいいでしょう。

●関税の種類

関税には、さまざまな関税率があり、輸入した品目の分類と原産地などによって、以下のいずれかの関税率になります。

基本税率は、関税定率法に基づき、すべての輸入品に定められた基本の税率です。

協定税率は、**WTO**（世界貿易機関）の加盟国を原産地とした特定の品目に対して適用される、一定率以下の税率です。

暫定税率は、関税暫定措置法で定められている税率で、国際的な経済状況の変化などにより、一定期間暫定的に、基本税率より低率、もしくは高率になるというものです。

多くはこの3つのどれかに当てはまりますが、これ以外にも一般特恵（GSP）税率や特別特恵（LDC）税率、便益関税などがあります。

WTO

World Trade Organization。1995 年に発足した国際機関で、世界の貿易の自由化と秩序維持を目的としている。

関税はCIF価格にかかる

輸入時には CIF 価格に 関税をかけます

CIF価格

| 輸出地の価格 (Cost) | 海上保険料 (Insurance) | 運賃 (Freight) |

CIFはCost,Insurance, Freightの略なのね!

おもな関税率の種類

①基本税率	すべての品目について定められた基本的な税率。あらゆる税率の基本となるもの。
②暫定税率	特定の品目について課せられた暫定的（一時的）な税率。国内外の経済事情を考慮して、基本税制を修正したもの。
③協定税率	国と国との条約に基づき、特定品目にかけられた税率。一定以上の関税を課してはならないと定められている。
④一般特恵税率	開発途上国・地域からの輸入品について、ほかの国よりも低く設定された税率。相手国の輸出所得の増大や経済発展を図ることが狙い。
⑤特別特恵税率	特別特恵受益国45カ国の原産品を輸入する場合は、原則無税になるというもの

税率優先順位は、原則として ⑤→① の順になる。

【輸入⑯】
貨物を引き取る

▼ここで登場するキーワード
荷渡指図書（Ｄ／Ｏ）　ＦＣＬ　ＬＣＬ　総揚げ　自家取り
保証状（Ｌ／Ｇ）　輸入担保荷物保管証（Ｔ／Ｒ）

●貨物引き取りに必要なＤ／Ｏ

　関税を支払ったら、ようやく貨物を引き取ることができます。

　貨物の引き取りに必要なのは、**荷渡指図書**（Delivery Order：**Ｄ／Ｏ)** という書類です。

　このＤ／Ｏは、船荷証券（Ｂ／Ｌ）と引き替えに船会社から発行されるものです。船会社が貨物の荷渡しをそれぞれの担当者に指示する書類で、貨物の引換券と考えてください（＊1）。Ｂ／Ｌと引き替えにＤ／ＯをもらうことをＤ／Ｏ交換と言います。

●Ｄ／Ｏをもらったあとはどうすればいい？

　Ｄ／Ｏを入手したら、次は貨物の引き取りです。

　コンテナ貨物の場合、ひとつのコンテナを満たしている貨物（**ＦＣＬ**）と、ひとつのコンテナに満たない小口貨物（**ＬＣＬ**）がありましたが、どちらに分類されるかによって、貨物が運ばれる場所と細かい流れが変わってきます。

　また、貨物が在来船貨物の場合は、**総揚げ**か**自家取り**によっても違いが生じます。

　総揚げは、船会社指定の船内荷役業者が、複数の輸入者の荷物を一括で荷揚げする方法で、貨物はまとめて船会社が保税地域に搬入します。Ｄ／Ｏはこの船内荷役業者宛の指示になります。

　自家取りは、輸入者の責任で貨物の荷揚げを行う方法。この場合、Ｄ／Ｏは船長宛の指示になります。

[＊1] 荷渡指図書は船荷証券とは違い、有価証券ではない。

コンテナ貨物の引き取り

●船積書類が届かない場合はどうすればいい？

通常、船積書類は以下のような流れで届きます。

到着案内書（A／N）の受け取り→銀行に船積書類が到着→輸入申告→引き取り……。

ところが、現実には貨物が到着しても銀行経由の船積書類が届かず、貨物が引き取れないことがあります。貨物が引き取れないのは、船荷証券（B／L）がないためです。

このような場合には、開設銀行に依頼して、船荷証券の代わりになる書類を発行してもらうことになります。

この代わりの書類を**保証状**（Letter of Guarantee：**L**／**G**）と言います。

●保証状による貨物の引き取りと代金決済

船積書類が届かない場合、具体的には以下の手順で「保証状荷渡し」を行います。

①開設銀行に「輸入荷為替付帯荷物引取保証依頼書」を差し入れ、L／Gを発行してもらう。

②船会社にL／Gを提出して貨物を引き取る。

③開設銀行に輸出者から船積書類が届いたら、**輸入担保荷物保管証**（Trust Receipt：**T**／**R**）を銀行に差し入れ、船積書類を借り受ける。

④B／Lを船会社に渡し、L／Gを返してもらう。

⑤L／Gを銀行に返して、代金を決済する。

見てきた通り、B／Lがないと、いささか面倒な手順を踏まなければいけません。それだけB／Lが大事な書類だということです（＊2）。

船積書類が届いたら、何はなくてもB／Lがちゃんと入っているかを確認するようにしましょう。

［＊2］信用状決済の場合は、上記の手順を踏むが、一般的に送金ベースでの支払いの場合は、SWBやサレンダーB／Lという代替書類を、輸出者を通じて船会社に発行してもらう。

船荷証券が届かないときは……

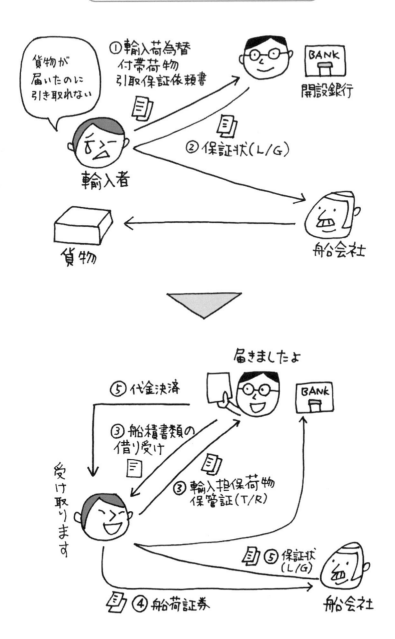

【輸入⑰】
国内販売の準備をする

▼ここで登場するキーワード
**輸入原価　コストプラス方式
コストブレイクダウン方式　マージン**

●輸入原価の計算をして初めて定価が決まる

　貨物の引き取りが済んだら、輸入に関する手続きは終了です。販売の手順に移りましょう。

　販売をするには値段を決めなければいけませんが、それには**輸入原価**（コスト）を割り出すことです。この作業をきちんとしなければ、儲けは出ません。

　まずは輸入にかかったすべての費用を算出しましょう。

　費用の合計は、貿易条件がEXWの場合、次のようになります。①工場渡し商品原価（EXW金額）＋②輸出国内での諸経費（通関料、保険料、積み込み料、運送料など）＋③海上輸送費（運賃、保険料）＋④銀行関係費（手数料、保証料など）＋⑤輸入関税＋⑥輸入諸経費（陸揚げ費用、輸入検査費、倉庫料、国内運搬費）＋⑦輸入諸経費（通信費、管理費など）＋⑧税金

　取引先に行ってサンプルを手に入れたりした場合は、その渡航費用も含めましょう。さらに、場合によっては、輸入代行料やコンサルタントフィーなどが加算されるかもしれません（＊1）。

　これらの総額を商品代金（工場渡し商品原価）で割って、出てきた数字（商品代金に対する総費用の割合）を、商品の単価にかけたものが、個々の輸入原価になります。

●外貨で契約した場合は円に換算する

　円建て契約以外の場合は、円に換算しなくてはいけません。

　為替レートはそのつど動きますが、基本的には円安気味に設定しておきましょう。

　一度決めてしまった定価はなかなか変えられません。同じ商品

［＊1］輸入諸経費には、信用調査にかかった料金やマーケティングにかかった料金も忘れずに入れること。

輸入原価の計算式

輸入にかかる費用
$$\left(\begin{array}{l}①工場渡し商品原価＋②輸出国内での諸経費＋\\③海上輸送費＋④銀行関係費＋⑤輸入関税＋\\⑥輸入諸経費＋⑦輸入諸経費＋⑧税金\end{array}\right)$$

【1】 上記総費用を商品代金（この場合は①）で割る。

> **例**　　[商品A] 原価10ドル　　100個
> 　　　　[商品B] 原価15ドル　　100個
> 　　　　[商品C] 原価20 ドル　　100個
>
> ●原価合計額　　10×100＋15×100＋20×100＝4500ドル
> ●輸入総費用　　500ドル
>
> 総費用は4500ドル＋500ドル＝5000ドルなので
> （4500＋500）÷4500＝1.1（小数点以下第2位切り捨て）
> 仮に 1.1を商品に対する輸入コスト比率とする。

【2】 得られた商品の総費用の割合を個別の商品にかける。

> **例**　　【1】で設定した「1.1」で計算する。
> 　　　　[商品A] 10ドル×1.1 =11ドル
> 　　　　[商品B] 15ドル×1.1 =17ドル
> 　　　　[商品C] 20ドル×1.1 =22ドル

【3】 円に換算する。

> **例**　　仮に 1 ドル＝100円とする（重要なのは、実勢レート
> 　　　　より円安で原価を設定すること）。
> 　　　　　　　最終的な商品別の原価は次の通り。
> 　　　　[商品A] 10ドル×1.1×100＝1100円
> 　　　　[商品B] 15ドル×1.1×100＝1650円
> 　　　　[商品C] 20ドル×1.1×100＝2200円

上記の例では、円安に振れた場合を想定して輸入者にとって渋目に見積もった。
これはあくまで定価を決める際の原価。帳簿上の原価は、より厳密に実勢の為替レー
トで計算したものを記帳すべき。

の場合、最初は安く売ったものを、次の輸入で為替レートが動いたから高く売るということは難しいので、最初に定価を決める際に円安気味にしておけば安心、というわけです。

●コストが出たら定価を決めよう

輸入原価が出たら、実際の販売価格、つまり定価を決めます。定価を決めるには、**コストプラス方式**と、**コストブレイクダウン方式**の2種類の方法があります。

「コストプラス方式」は加算方式、または費用志向型とも呼ばれる方法です。総コストに輸入者、問屋、小売店の**マージン**（利益）を足していくという一般的なやり方（＊2）ですが、市場の相場を無視した金額になることも少なくありません。この方法をとる場合は市場価格とのバランスを見ながら上乗せしていきましょう。

「コストブレイクダウン方式」は、逆算方式、もしくは需要志向型と呼ばれる方法で、最初に市場（消費者）が満足するであろう価格を設定して、必要なコストを割り振っていくというやり方です。この方法だと、競合する商品より安く値段設定できますが、最初に価格ありきのため、期待する利益を得られないというデメリットがあります。

●自分と商品に合った販売ルートを見つけよう

実際に商品を販売する際には、販売する窓口が必要になります。

専門の卸売業者から小売店に流すルートや、直接小売店に流すルート、あるいは同じ業界の輸入業者のルートに商品を流すルートもあれば、通販会社に流すルートもあります。

こういった業者を探すには、国内の展示会に出展したり、DMを送付したりして、積極的な営業をしましょう。

また、自分で販売（小売）する場合は、インターネットでオンラインショップを開いたり、クラウドファンディングで市場性を図ってみるなどが、一番良い手段だと思います。

[＊2]輸入製品の価格は一般的に小売店40〜45％＋問屋10〜15％＋輸入業者15〜25％＋メーカー15〜35％（仕入れ値）で構成される。販売に小売店を使う場合は、価格のほぼ半値がマージン。

価格決定　2種類の考え方

コストプラス方式

料金を上乗せしていく

小売店利益
問屋利益
総コスト
定価

もっとも一般的な方法だが
相場を無視した額になりやすい

コストブレイクダウン方式

先に価格を設定する

輸入者利益
小売店利益
問屋利益
総コスト

価格を低く設定できるが、
期待していた利益が得ら
れないことも

さまざまな販売ルート

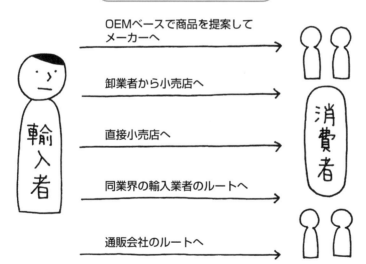

輸入者

OEMベースで商品を提案して
メーカーへ

卸業者から小売店へ

直接小売店へ

同業界の輸入業者のルートへ

通販会社のルートへ

消費者

OEM

Original Equipment Manufacture の略。取引先のブランドで販売する製品を受注生産すること。
またはそのメーカー。

ルーズで陽気なスペイン人

スペイン人は、一般的に社交的で話し好き。

また、のんびりしているところがあり、その点は良さでもあるのですが、「マイペース」「適当」という印象を受けることもあります。

そもそもスペインは、日常生活が日本とはまったく違います。朝は同じように9時から始まっても、昼食を14時くらいに取ったら、その後はシエスタ（昼寝）と呼ばれる時間になり、17時くらいまでお店も会社も休みに入ってしまうのです。

もちろん、17時以降は営業が再開されて20時くらいまで働くとはいえ、日本人には考えられない生活スタイルです。これは公共機関も同じで、役所や郵便局は午後の営業をしないというのが普通だと言いますから驚きます。

彼らのルーズさの背景には、人生で一番大切なものは娯楽で、仕事はそれを得るためのものという、日本人とは正反対に近い考え方があるようです。

スペイン人と取引をするときには、こうした気質をふまえて納期を設定することが大事でしょう。つまり、遅れても大丈夫なように、ゆとりを持った期限を伝えておくのです（もちろん、事前に話し合い、期限を守らせる努力をしたうえでのことですが……）。

さまざまな欠点はあってもスペイン人は皆とてもフレンドリーで人間的に楽しい人が多いため、付き合いやすく、話しやすいと言えます。

スペイン人気質をこちら側が織り込みながら接することができれば、最高のビジネスパートナーになるはずです。

第 **3** 章

輸出取引の実務を学ぼう

輸出取引の流れを
理解しよう

▼ここで登場するキーワード

裏面約款　船荷証券

●輸出は輸入の裏返し？

　輸出取引の業務は輸入取引の業務の「裏返し」と考えればいいでしょう。それは、輸入のときにされたことをそのまますれば良いという意味でもありますし、まったく逆のことをするという意味でもあります。前者はサンプルの輸出などが当てはまりますし、後者は契約書の**裏面約款**などが該当するでしょう。輸出の際は、輸入のときの裏面約款とは、まったく逆の条項を設けなければ損をしてしまうからです。

　以下、STEP33 ～ 46 は 129 ページの流れ❶～⓯に対応してお話ししています。

●輸出取引業務の３つのポイント

　輸出業務の最初のポイントは、取引先を見つけることです。

　グループ企業間の取引などでは必要ありませんが、一般的な輸出業務では、数多くの国のうち、どの国のどの企業と取引するかを模索しながら、赤字が出ないように相手に売り込みをかけなければいけません。もちろん、長い取引ができることは大前提です。

　第２のポイントは、**船荷証券**の取得です。

　「輸入」の説明でもふれましたが、船荷証券は、貿易業務の中でもっとも大切な書類のひとつです。輸出では、これをあなたが船会社（航空会社）から取得しなければいけません。

　第３のポイントは、代金回収です。輸出業務は代金を回収して初めて成り立ちます。確実な代金回収のため、信用状決済にするなどの手続きが必要になります。

輸出取引のおおまかな流れ

❶市場調査をする
海外に商品のニーズが
あるかどうかを探る

↓

**❷輸出に関する
法律・規制を調べる**
国内はもちろん、
相手国の規制について確認する

↓

❸取引先を発掘する
国内外を営業して取引先を探す

↓

❹取引先の（→ 第2章STEP17参照）
信用調査をする
安心して取引できる業者か調べる

↓

❺サンプルを送る

↓

❻輸出条件の交渉をする
値段などの輸出条件を交渉する

↓

❼契約を結ぶ

↘

❽信用状を入手する
代金回収を確実にするため、
取引条件を信用状にする

↓

❾船腹を手配する
配船表を参考に本船を決定し、
船会社に申し込む

↓

❿保険の契約をする

↓

⓫船積書類を作成する
インボイスやパッキングリスト
など船積書類を作成する

↓

⓬通関業務を依頼する
船積依頼書を作成して、
通関業者に渡す

↓

⓭貨物を出荷する

↓

**⓮船荷証券を
取得・発送する**

↓

⓯輸出代金を回収する

【輸出❶】
市場調査をする

●まずは需要があるかどうか

　輸出の基本は海外企業への売り込みです。そのため、その商品が日本以外で需要があるかどうかが最初のポイントになります。

　輸入と異なるのは、商品を受け入れてくれる国を世界中の国々から探さなければならないという点でしょう。

　取引したい国をある程度決めたら、その国の気候や風土、習慣などに商品が合うかどうかを探っていきます。

　その国に商品が合うと判断できたら、次は具体的な**マーケティング**に入りましょう。

●マーケティングに必要な4つのP

　輸出は、単発の取引では採算割れを起こすことが多いものです。そのためにも、できるだけ長期的に取引できる相手を選ばなければいけません。マーケティングではその点を十分考慮してください。

　マーケティングには4つの大事な要素があります。

①**製品（Product）** …… どのような製品を選ぶか？
②**価格（Price）** …… いくらで売るのか？
③**販売促進（Promotion）** …… どのような販促をするか？
④**流通（Place）** …… どのような販売ルートで商品を流すか？

　これらは、4つのキーワードの頭文字をとって、よく4Pと言われます（＊）。

　この4つのPに対するプランがしっかり定まって、初めて取引

[＊] 4Pのほかに、マーケティングを行う際に分析すべき3つの視点として「3C」がある。3Cとは
Customer（顧客）、Competitor（競合）、Comapany（自社）の頭文字。

マーケティングに必要な4つのP

① 製品 (Product)

どのような製品を選ぶか?

② 価格 (Price)

いくらで売るのか?

③ 販売促進 (Promotion)

どのような販促をするか?

④ 流通 (Place)

どのような販売ルートで商品を流すか

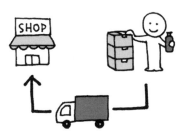

品物をただ輸出国の市場に投入するだけでは十分な利益を上げることはできない。売るためのしくみをつくるためにじっくりマーケティングをすべき。

にふさわしい相手を選ぶことができると考えましょう。

それぞれ詳しく見ていきましょう。

●取引国を決めよう

販売戦略が決まってしまえば、候補となった国の中から、その戦略に見合う国がだいたい決まってくるのではないでしょうか。

それをふまえて、輸出想定国の経済事情や法制度はもちろん、市場規模や商慣習、競合する製品の有無などを調べていきます。

輸出は、相手からの代金回収があって初めて成り立つもの。

もし、相手国の経済状態や政治状況が安定していないようなら、国を替えて計画を練り直すことも必要です。

たとえ、売り込みの必要のない状況、つまり、こちらが何もしない状況で海外の業者から打診があった場合でも、このあたりのことはきちんと調べておきましょう。それが長期的な取引のための下準備になるのです。

世界が日本に求められているものは何かを、常に意識することが大切です。さまざまな調査機関、広告会社などが定期的に調査をしていますので、こうした調査データを活用するといいでしょう。

企業側からの視点で自社製品やサービスを分析する際に使われる手法の一つに「４Ｐ分析」があります。以下の４つの側面に立って考えるというものです。

① Product　製品

モノがあふれる現代では、人は本気で欲しいと思うものしか買いません。つまり、売れる製品を選ぶには、その商品にニーズがあるか、どういった特長があるか、コンセプトやイメージが明確かなどを加味して行うことが必要です。

② Price　価格

　価格は取引において非常に重要です。どういった価格戦略にするかは、慎重に決める必要があります。高価格帯で攻めるのか、低価格帯で買いやすくするのか……。商品の特性、会社の在り方を踏まえて検討しましょう。

　なお、薄利多売は資本のある大企業向けです。中小企業は高価格帯で利益をしっかり確保できる商品を扱うのがいいでしょう。

③ Promotion　販売促進

　消費者への認知度向上や実際に購入につなげるためにすべきことを考えます。メディアを駆使した広告宣伝をするのも一つですが、社会性を持たせて PR していく、店頭で POP を使用して目を引く陳列にするなど、現場での販促活動も検討しましょう。どの取り組みをどう組み合わせて行うかも重要です。

④ Place　流通

　「どこで」売るかに加え、商品の輸送や保管、在庫管理なども考える必要があります。

　① Product ではターゲットのニーズを満たす製品になっているか、② Price では自社の利益が十分に確保できたうえで市場性のある価格になっているか、③ Promotion では自社の強みを明確にし、他社との違いを明確に打ち出せているか、④ Place では販売チャネルは需要のある場所に置けているか、多種多様な販売チャネルを持てているか、などを軸に考えます。

　また、「4 つの P」は、相互に補い合う関係です。製品の特性や差別化ポイント、それにより想定されるニーズやターゲット層、それに合わせた価格帯などを一連の流れとして合致させ、総合的にまとめるようにすると戦略が明確になっていきます。

【輸出❷】輸出に関する法律・規制を調べる

▼ここで登場するキーワード

輸出貿易管理令　バーゼル条約

●必ず確認したい最新情報

　輸出も輸入の場合と同じく、法的規制を確認して、その商品を国外で販売してよいかどうかを調べる必要があります。

　相手国の規制については、受け入れ側である輸入側が調べることが基本ですが、問題の発生を未然に防ぐために、輸出側でも調べておきましょう。

　規制の対象になる商品は経済状況などで変わる可能性もありますから、経済産業省や税関などの公式サイトをチェックするなどして、必ず最新情報を確認しておいてください。

●輸出に関するさまざまな規制

　では、輸出時の規制には、どんなものがあるでしょうか。

　主なものは次の通りです。

◎外国為替及び外国貿易法（外為法）

　輸出入に関する手続きを定めた法律。

◎輸出貿易管理令

　「外為法」に基づいて、輸出に関する具体的な手続きについて定めた政令。輸出をする際に「承認」や「許可」が必要なものが規定されています。

　対象となっているのは、基本的に、武器や有害物質など個人や社会に悪影響を及ぼすものや（＊）、日本の国益を損なうものなど。

　この中には、ワシントン条約などの国際ルールで決められた禁

[＊] 兵器そのものだけでなく、大量破壊兵器の開発などに使われるおそれのある加工品や技術なども許可申請の対象になる。

輸出が規制されているもの

[輸出に許可が必要なもの(例)]

武器

大量破壊兵器
通常兵器関連
資機材

キャッチオール規制
で定められた品目

[輸出の承認が必要なもの(例)]

ダイヤモンド原石

漁船

このほか、米ぬかや魚粉、冷凍のあさり、は
まぐり、配合飼料なども承認が必要なものに
含まれている。

第3章　輸出取引の実務を学ぼう

制品も含まれています。

　承認が必要なものは多岐にわたっているので、扱う商品が対象になっていないか、事前に確認しておきましょう。

◎逆委託加工貿易契約による輸出品規制

　逆委託加工貿易は、輸出国に製品の加工を依頼し、完成したものを輸入するという貿易形態。こうした貿易を行う場合、加工用の原材料の輸出には承認が必要となります。

◎輸出入取引法

　不公正な輸出取引の防止などを目的とした法律。

　「不公正な輸出取引」とは、原産地を偽ったものや、相手国の工業所有権を侵害しているもの、契約条項が著しく不公正な取引品などを指します。これらに該当するものは輸出できません。

◎輸出規制について定めた国際条約

　国際間の取り決めとしては、GATT、IMF協定など貿易に関する一般協定やモントリオール議定書、さらにワッセナー・アレンジメント、**バーゼル条約**などでも輸出規制が定められています。

　バーゼル条約とは、有害廃棄物の国境を越えた移動や処理について規制した国際条約で、日本では国内対応法として「特定有害廃棄物等の輸出入等の規制に関する法律」が制定されています。

　なお、輸出を規制する国内法には、ほかにもさまざまなものがあります。右の一覧をよく確認しておきましょう。

GATT
「関税と貿易に関する一般協定」のこと。国際貿易の自由化・拡大を意図して結ばれた国際協定で、1995年に発展的に解消され、WTO（世界貿易機関）に継承された。

輸出規制に関する国内法

- 文化財保護法
- 林業種苗法
- 鳥獣の保護及び管理並びに狩猟の適正化に関する法律
- アルコール事業法
- 麻薬及び向精神薬取締法
- 大麻取締法
- あへん法
- 覚醒剤取締法
- 狂犬病予防法
- 家畜伝染病予防法
- 植物防疫法
- 道路運送車両法
- 特定水産動植物等の国内流通の適正化に関する法律

税関HPより
（税関で確認する輸出関係他法令の概要）

IMF 協定

IMF（国際通貨基金）の設立に伴い、IMF の目的や加盟国の割当額などを定めた協定のこと。

【輸出❸】
取引先を発掘する

▼ここで登場するキーワード

国際見本市

●同業者・取引銀行による紹介も有効

　取引先は、輸入と同じく、国内・海外どちらでも見つけることが可能です。市場調査をもとに取引国を決めたら、いろいろなアプローチで取引先を見つけましょう。

　では、国内で取引先を発掘するには、どんな方法があるでしょうか。

　まず挙げられるのは、同業者や取引銀行からの紹介です。

　例えば、中国などコネクションを重要視する国に輸出をしたい場合は、この方法が有効です（＊）。現地企業に強い同業者や取引銀行に有望な企業を紹介してもらいましょう。

　次は、在日大使館や領事館商務部への照会です。

　輸入と同じく、大使館を使うのは大変有効な手段です。日本人スタッフが在籍しているところも多いので、商品の特徴を説明して、問い合わせてみましょう。

　さらに、輸入のときにご紹介した国内の**国際見本市**は、輸出の場合でも活用できます。

　参加しているのは、大半が海外から日本への輸出を考えている企業ですが、同時に自国への輸入商品を探していることもあります。

　このほかに、第2章（STEP16）でジェトロが運営するVenueをご紹介しましたが、これも輸出取引に利用することができます。

［＊］中国人は一族の絆を重んじる傾向が強く、縁戚関係などのコネクションを重視すると言われている。

●海外での有力手段は国際見本市への出展

　現地に直接足を運んで取引先を見つける方法では、やはり費用がかかるということがネックになるでしょう。

　しかし、費用をかけた分、確実に効果が出るので、余裕があれば、ぜひ試してみたい方法です。

　では、海外で取引先を探すにはどんな方法があるでしょうか。

　もっとも有効なのは、国際見本市に出展することです。

　相手は皆、取引先を探しています。自分からブースに寄ってきてくれるようなら、興味があると見ていいでしょう。

　海外の雑誌や専門誌へ広告を掲載するという方法もあります。

　手続きや専門的な知識が必要ですが、関心を持ってもらうには有効な手段です。

　ただし、広告のムダうちにならないよう、商品のターゲットや雑誌の発行部数などをよく調べておかなくてはいけません。

　ほかにも、日本のコンテンツをさまざまな国に知ってもらい、活用してもらおうと、政府関連の機構等でいろいろな取り組みをしています。

　よい情報を手にすることによって、よい取引が生まれます。いい取引先と出会えるように、情報収集は欠かさないようにしましょう。

　【輸出❹】「取引先の信用調査をする」については、輸入編の内容と同じです。STEP18を参照してください。

【輸出❺】
サンプルを送る

▼ここで登場するキーワード

カタログ　価格表　会社概要

●サンプルは積極的に送ろう

　第2章の輸入取引に関する説明で、商品の品質や機能をチェックするために、事前にサンプルを取り寄せるべきだと述べました。

　この点を考えると、輸出する側にとっても、サンプルの輸出は重要なポイントであることがわかっていただけるでしょう。

　先方から引き合いが来て、サンプルの輸出を依頼されたら、後々問題が起きないようにするためにも、進んで送るようにしましょう（＊）。

●サンプルを送る際の注意点

　サンプルは実際の商品と同じものを用意しますが、それ以外に以下のものを同封してください。

①カタログ……商品の詳細が載っているもの

②価格表……輸出にかかる必要経費を上乗せして作成したもの

③会社概要……リクエストされる場合もある

　商品の値段にもよりますが、サンプルは基本的に有料です。

　輸入者に先に代金を振り込んでもらい、入金を確認してからサンプルを送付するようにしてください。

　また、輸入取引の際にサンプルを無料にする方法をご紹介しましたが、先方からこの方法を打診されたら快く受けましょう。

　相手の希望に極力添うことが、長い取引につながるのだと思います。

　　［＊］梱包状態の確認のためにも、個別梱包が実際の輸出時と同じものを用意するのが理想。

サンプル輸出の注意点

【サンプル代負担の4パターン】

❶サンプル代・送料ともに無料 ⇨ 輸出者の負担㊤
❷サンプル代無料、送料は有料
❸サンプル代有料、送料は無料
❹サンプル代、送料ともに有料 ⇨ 輸入者の負担㊤

輸出者にとっては❹がベスト。
もし、お互いがコストを負担するなら……

商品価格が 安い場合…	商品価格が 高い場合…
❷＞❸	❸＞❷

【輸出❻】
輸出条件の交渉をする

▼ここで登場するキーワード

引き合い　オファー　カウンターオファー　見積書

●引き合いが来たらオファーを返そう

　相手から**引き合い**が来たら、提案された条件を確認しつつ、見積書をつくって**オファー**を返しましょう（＊）。

　サンプルと一緒に送付する価格表は、あくまでも基本の価格。

　先方から提案された数量や希望する条件にしたがって、実際の価格をはじき出します。

　オファーを返すと、先方から**カウンターオファー**が返ってきます。輸入条件変更の申し入れや値引き交渉などが主になってきますので、お互いに納得して承諾（acceptance）するまで根気よく交渉を続けましょう。

●見積書作成時の注意点

　見積書は、商品の品質や検査証明書の有無、梱包状態や商品の細部の変更（電化製品であればプラグを相手国に合わせるなど）を話し合ったのち、正式に価格を提案するものです。

　このとき提示する価格は米ドルが基本とされています。しかし、取引先によってはユーロでの提案を求められることもあります。

　為替レート変動によるリスクは、基本的には輸出者側が背負います。そのため、為替レートの変動で損をしないために、変動分を見越した価格をつけておくといいでしょう。

　日本円での提案は、輸入者がリスクを負うので実際にはほとんど行われていません。

［＊］価格や品質、納期など、売り手が買い手に示すオファーを売り申し込み（Selling Offer）という。

交渉の流れ

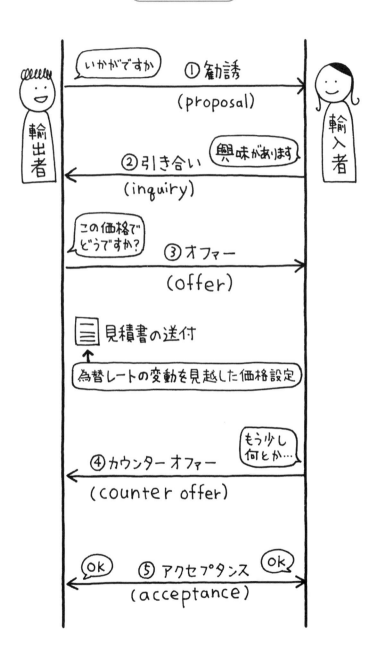

【輸出❼】
契約を結ぶ

▼ここで登場するキーワード
日本商事仲裁協会　マーケットクレーム
不可抗力の輸出者免責

●契約書は必ず自分でつくろう

　条件について合意ができたら、契約に入ります。

　輸入取引のときと同様、契約を有利に進めるためにも、契約書は必ず自分でつくり、相手にサインしてもらうようにしましょう。

　また、やはり輸入取引のときと同じく、契約書の表面（表面約款）に契約内容を、裏面（裏面約款）に「一般取引条項」として取引条件を記載（→ STEP23）します（＊1）。そして、2通作成したうえでお互いにサインをして、1部ずつそれぞれが保管します。

●輸出と輸入では契約書の立場が逆転！?

　輸入のときに、取引を有利に進めるための3条件（価格に関する調整禁止、船積期間の厳守、契約不履行の場合の輸出者責任）について述べましたが、輸出側にとって、この条件は当然不利です。したがって、輸出契約書をつくる際には、この点を輸入契約書とは逆の書き方にしなくてはいけません。

　つまり、「価格や船積期間はやむを得ない場合は変更する」といった条項を盛り込むのです。

　また、輸入のときにも少しふれましたが、裁判になったときのために、何か問題が発生した場合は日本の法律にのっとって処理すること、仲裁は国際商事仲裁における専門機関（日本では**日本商事仲裁協会**）の仲裁手続き規定に従うとしてください。

[＊1] 表面約款に記載されている商品の明細や取引条件などはタイプ条項と言われ、裏面約款と記載が違っている場合は、こちらが優先される。

輸出と輸入の契約書は裏表？

契約不履行の場合は輸出者責任！

いやいや不可抗力のときは免除！

輸入者

輸出者

仲裁における専門機関

当事者

仲裁者

当事者

仲裁は、裁判判決と同様、相手がその履行に従わなくても強制執行が可能。外国での執行も条約締結国であれば実行力がある。
一般的に、仲裁については契約書に仲裁条項、紛争解決条項が盛り込まれる。

日本商事仲裁協会

商事紛争になった場合の仲裁手続きや和解斡旋のほか、貿易業務の相談などにも乗ってくれる。
http://www.jcaa.or.jp/

●輸出契約の際に盛り込むべき3つの条件

輸出契約書を作成する際にも、盛り込むべき3つの条件があります。

① 増加費用の輸入者負担（Increased Cost）

契約締結後に、運賃の上昇や税金、戦争などの保険料上昇により、輸出者の負担が増加した場合は、すべて輸入者が負担するというもの。

無論、無条件で相手が負担することはないでしょうから、適用はあくまでやむを得ない状況に限られます。

② クレームの期限設定（Claim）

この条項によって、クレーム提起の期限が設けられることになります。不当な**マーケットクレーム**（相手の思い違いなどから起きる営業上のクレーム）などを防ぐのに有効です。

具体的には、「クレームの種類や性質にかかわらず、一定の期間内に公正な鑑定機関が発行した報告書を添付のうえ通知しない限り、輸出側は受理しない」という内容になります（＊2）。

③ 不可抗力の輸出者免責（Force Majeure）

戦争やテロ、ストライキ、貿易規制、地震や洪水などの自然災害といった不可抗力の事態が起きたことによって、何かしらの契約不履行が発生した場合、輸出者は責任を負わなくてもよいとするもの。

これらは先に述べた通り、輸入とは正反対の内容になります。

トラブルが起きたときに、交渉で不利にならないように、忘れずに契約書に盛り込んでおきましょう。

[＊2] 例えば運送中に貨物に損傷があった場合、どの時点でその損傷が起きたのかを海事検査会社に査定してもらい、報告書を作成してもらう。

輸出契約書に盛り込みたい3条件

①増加費用の輸入者負担

②クレームの期限設定

③不可抗力の輸出者免責

信用状を入手する

▼ここで登場するキーワード
**信用状　信用状統一規則　ディスクレ　開設銀行　通知銀行
エルジーネゴ　買取銀行　ケーブルネゴ**

●代金決済は信用状で

　冒頭でも述べましたが、取引は代金を回収できて初めて終了するものです。したがって、回収できないという事態を避けるためにも、大口の輸出をする場合には、**信用状**（L／C）による代金決済をおすすめします。

　信用状は銀行が支払いを確約するものなので、銀行との信頼関係がなければ開設できません。つまり、信用状で取引できる相手はそれだけ信頼度が高いと言えるのです。

●信用状受領時のチェックポイント

　契約締結後、発行を要求すると輸入者から信用状が送られてきます。船積書類と内容の違いがあると、銀行に買い取ってもらえなくなるおそれがありますので、次の項目を必ず確認してください。

①輸出契約と信用状の内容が一致しているか

　商品名、数量、金額、発行人依頼者名、有効期限、船積日、船積書類の種類などが契約書と一致しているか、チェックしておく。

②信用状発行銀行の信用度に問題はないか

　銀行自体に不安があれば、取引銀行を変更してもらう。

③取消不能信用状か

　基本的に取り消し不能条件で発行されているが、念のため確認しておく。

④契約通りの決済条件か

⑤**信用状統一規則**適用文言があるか

取消不能信用状

信用状開設後、売り手、買い手、開設銀行、買取銀行（通知銀行）すべてが同意しないと、信用状の取り消しや条件変更ができないとされる信用状。

信用状受領時のチェックポイント

① 輸出契約と信用状の内容が
　一致しているか？ ☐

② 信用状発行銀行の信用度に
　問題はないか？ ☐

③ 取消不能信用状か？ ☐

④ 契約通りの決済条件か？ ☐

⑤ 信用状統一規則適用文言が
　あるか？ ☐

信用状統一規則
信用状の内容について、法制度の違いから生じるトラブルを回避するための国際ルール。ICC（国際
商業会議所）によって制定された。

●信用状に不備があったらどうする？

　もし、買い取りの際に信用状と契約書の内容に不一致（**ディスクレ**（＊1））があったときには、以下の3つの措置をとりましょう。

　最初は信用状の変更（アメンドメント（＊2））です。

　これは、時間に余裕があれば、もっとも望ましい手段でしょう。

　信用状の内容が契約書と違っていた場合はもちろん、期限内に船積みができないような事態が起きた場合は、輸出者はすぐに輸入者に信用状の内容自体を変更してもらわなければいけません。

　まず、輸出者から輸入者に信用状の内容変更を願い出ます。

　輸入者が承諾したら、**開設銀行**（輸入者が信用状を開設した銀行）に変更を依頼してもらいます。

　その後、開設銀行から**通知銀行**（信用状を受け取った輸出地の銀行）へ変更通知書が発行され、通知銀行が輸出者へ変更通知書を発行します。

　したがって、この方法をとる場合は、輸入者（Applicant）・輸出者（Beneficiary）・開設銀行（Issuing Bank）・通知銀行（Advising Bank）という、4当事者すべての承認が必要です。

　次に、**エルジーネゴ**という措置があります。

　エルジーとは「L／G（Letter of Guarantee）」のことで、保証状を意味します。輸入者がディスクレの内容を事前に知っている場合や、ディスクレが軽く、輸出者の信用に影響がない場合、輸出者が通知銀行に保証状を差し入れて買い取ってもらいます。

　通知銀行（**買取銀行**）は、保証状を入手していると記載した書類を開設銀行に発送して、買い取りを依頼します。

　しかし、もし手形が不渡りになったときは、輸出者は買取銀行に対して、手形金全額を弁償しなければならないため、リスクの大きい方法だと言えるでしょう。

ディスクレがあった場合の措置

①信用状のアメンドメント ← 時間に余裕があるとき

②エルジーネゴ ← ディスクレが軽いとき 時間に余裕がないとき

③ケーブルネゴ ← ディスクレが重大なとき

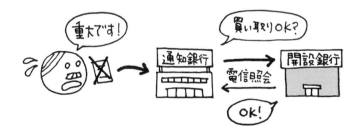

[＊2] 為替手形の買い取りの際には、信用状の原本に、このアメンドメントを添付して提出する。

最後は、**ケーブルネゴ**と言われるものです。

ケーブルとは「Cable」、つまり電信照会のこと。

ディスクレの内容が重大な場合、買取銀行は、買い取り前にケーブルで買い取りの可否を開設銀行に問い合わせます。その後、開設銀行の判断で問題がなければ、買い取りが行われます。

●買取銀行と通知銀行

ところで、輸出者に関係する銀行として、買取銀行と通知銀行という2つの銀行が出てきました。この違いは何でしょう？

通知銀行とは、信用状を受け取った銀行のことでした。

輸出者が通知銀行に信用状の買い取りを依頼すれば、通知銀行と買取銀行は同じになります。しかし、輸出手形の買い取りが特定の銀行に指定されている手形（＊3）があり、これが使われる場合、両者が一致しないことがあります。

●信用状の偽物に注意しよう

一般的に、輸出地に信用状が届くと、通知銀行から輸出者に通知が届きます。

しかし、なかには、輸入者や開設銀行から直接信用状が送られてくることがあります。この場合は、信用状自体が偽物である可能性があります（＊4）。

もし、偽物だった場合、その相手先は輸入者としての資質に問題があると言わざるを得ません。こういった輸入者とは、そもそも取引すること自体が無謀です。速やかに取引を中止すべきでしょう。

[＊3] 買取銀行指定信用状（Restricted L／C)のこと

信用状をめぐる手続きの流れ

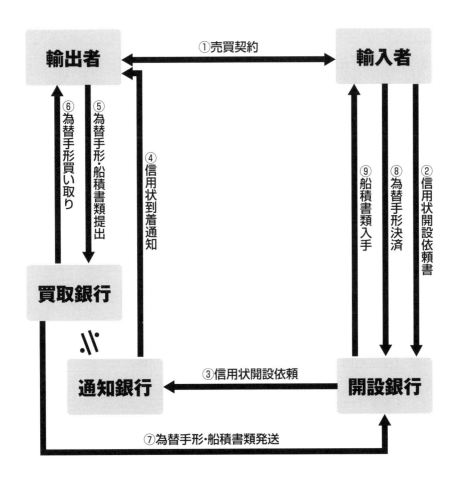

通常、通知銀行と買取銀行は同じになる。ただし、輸出者が信用状（L／C）発行の要請をする際、通知銀行を何らかの理由で取引銀行に指定しない場合は、輸入者が自国の銀行の海外支店を通知銀行にすることがある。

[＊4] このような事態にならないためにも、インボイスや契約書の裏面約款で、信用状開設銀行を指定したり、輸入者に通知銀行宛に信用状を送ってもらったりすることを明記しておく。

【輸出❾】
船腹を手配する

▼ここで登場するキーワード

船腹　ブッキング　仕向地

●ブッキングはどう進める？

　貨物は多くの場合、海上輸送されますが、貿易条件がCIFやCFRの場合、輸出者が船会社と本船を手配しなくてはなりません。

　この**船腹**予約のことを、通称**ブッキング**（Booking of Ship's Space）と呼びます。

　では、実際にブッキングの流れを見ていきましょう。

　まずは、貨物を積み込む本船を決めます。

　ここで重要なのは、船積期限の厳守。必ず期限内に出港する本船を選ばなければいけません。到着予定日とも関係してきますので、余裕を持った日取りを設定しましょう。

　次に、船会社を決めます。船会社は、信用状や輸入者との取り決めによっては、最初から指定されている場合もありますが、そうでない場合は、運賃などを比較して選びましょう（＊）。

　船会社が決まったら、本船、航海番号（航海ごとに決められた船舶のスケジュール番号）、商品明細、**仕向地**（貨物の送り先）を確認して、電話やインターネットで船会社に予約を入れます。

　その後、船会社からブッキングナンバーが提示されますが、この番号は照会に使いますので、必ず控えておきましょう。

　ブッキングの手続きが完了したら、次は海上保険の契約を行ってください。

船腹
輸送力としての船を意味する言葉。貨物を積み込むスペースや、文字通り船の胴体を意味することもある

ブッキングの流れ

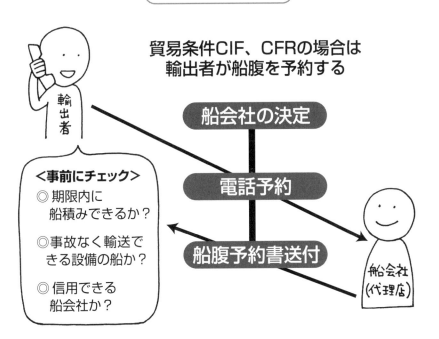

貿易条件CIF、CFRの場合は
輸出者が船腹を予約する

船会社の決定

電話予約

船腹予約書送付

輸出者

<事前にチェック>
◎ 期限内に
　船積みできるか？

◎ 事故なく輸送で
　きる設備の船か？

◎ 信用できる
　船会社か？

船会社（代理店）

船腹予約書に記載されている内容

① 輸出者名　（Shipper）
② 搬入地　　（Port of Shipment）
③ 仕向地　　（Destination）
④ 商品明細　（Commodities）
⑤ 海貨業者　（Forwarder）
⑥ 本船名　　（Vessel）
⑦ 航海番号　（Voy.No）
⑧ 船積み予定日
⑨ 出港予定日

［＊］輸送サービスを行う会社の中には、貨物の船積みからブッキング代行までを行っているところもある。

【輸出⑩】
保険の契約をする

FOB 保険　貿易保険　日本貿易保険　貿易一般保険
輸出手形保険　中小企業輸出代金保険

●海上保険契約が必要なことも

　輸出取引の際、貿易条件が CIF や CIP の場合は、海上保険に加入しなくてはいけません。

　また、貿易条件が FOB や CFR の場合、**FOB 保険**（輸出 FOB 保険）に入ることをおすすめします。

　通常の海上保険は、船積みから陸揚げまでの海上輸送中の事故などが補償の範囲となっているため、貨物が工場や倉庫などから出荷されて本船に船積みされるまでは、無保険の状態になってしまいます。

　輸出 FOB 保険はこの問題をカバーするためのもので、倉庫や工場から出荷されて本船に積み込まれるまでの輸送中、もしくは保管中に生じた損害を補償する海上保険の一種です。

●輸出時は「貿易保険」に入ろう

　輸出取引で、海上保険以外に加入しておきたいのが**貿易保険**です。この保険は経産省管轄の独立行政法人**日本貿易保険**（NEXI）との契約になります。貿易保険にはいくつか種類がありますが、輸出者が加入すべき貿易保険は以下の２つです。

◎貿易一般保険

　取引先の経営破綻などで債務不履行となった場合の「信用危険」や、取引国の国際紛争やテロ、為替政策変更などの「非常危険」による未回収代金、及び非常危険による進路変更などで発生した新たな輸送費用や出荷不能で生じた損失などを補償してくれる保険

日本貿易保険

通称 NEXI（Nippon Export and Investment Insurance）。経産省管轄の独立行政法人で貿易保険の契約を請け負い、国と再契約を結ぶ。

FOB保険のしくみ

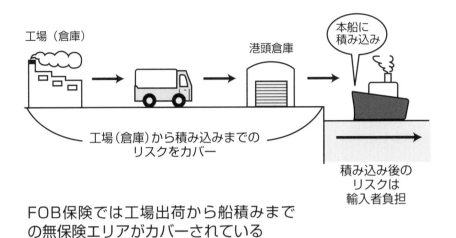

工場（倉庫）

港頭倉庫

本船に
積み込み

工場（倉庫）から積み込みまでの
リスクをカバー

積み込み後の
リスクは
輸入者負担

FOB保険では工場出荷から船積みまで
の無保険エリアがカバーされている

貿易保険の補償対象

国際紛争・テロなど

取引先の破産・債務不履行

破産

です。これは取引ごとに契約をする必要があります（＊1）。

同様の契約内容で、限度額設定型貿易保険というものもあります。これは、特定の輸入先と定期的に取引する場合に適している保険で、年間契約をすることができます。

◎輸出手形保険

主に信用状なしの荷為替手形決済方法であるD／P決済やD／A決済のための保険です。

輸出者は代金回収のために荷為替手形を振り出しますが、その手形が信用危険や非常危険で満期に決済されず不渡りになった場合に、買取銀行が被る損失をカバーするのが輸出手形保険です。

輸出手形保険は輸出者ではなく、買取銀行が契約者及び被保険者になります（＊2）。そのため、銀行があらかじめNEXIと輸出手形保険契約をしているかどうか、銀行担当者に確認しましょう。

また、輸出手形保険は、保険の申し込みや手続きを買取銀行が行いますが、輸出者が初めて貿易保険を利用する場合には、輸出者がNEXIに利用者登録をする必要があります。

また、貿易保険には中小企業による輸出取引で、代金回収不能に陥った際の損失を補填してくれる**中小企業輸出代金保険**というものもあります。中小企業と認定されるには条件がありますが、一度相談してみると良いでしょう。

[＊1] 貿易一般保険には、個別契約以外に、企業単位で年間契約を結ぶ企業総合保険というもある。

[＊2] 保険料は輸出者が負担し、銀行が徴収してNEXIに納める。

輸出関連の保険

海上保険

貿易条件がCIFやCIPのときには入っておきたい。特にFOBやCFRの場合は「FOB」保険に加入する。

貿易保険

貿易一般保険

国際紛争やテロ、為替政策変更などの「非常危険」や、債務不履行などの「信用危険」に関する損失を補償。

輸出手形保険

D／P決済やD／A決済のための保険。手形が不渡りになった場合、買取銀行が被る損失をカバーする。

中小企業輸出代金保険

中小企業が代金回収不能に陥った場合、それによって生じた損失を補填する。

【輸出⑪】
船積書類を作成する

▼ここで登場するキーワード

インボイス　パッキングリスト　容積重量証明書
原産地証明書　検査証明書

●船積書類は船積み後に発行される書類

ここでは船積書類についてご説明します。

船積書類とは、輸出者が船積み完了後に発行する書類のことです。主に通関手続きに必要な書類ですが、「船積書類」という1枚の書類があるわけではなく、いくつかの書類をまとめたものだと考えてください。

輸入者との契約内容に基づいてつくられるため、信用状に記載されているものを用意しなくてはいけません。このうち、一般的に自分で作成するもの（＊）は**インボイス**（Invoice）と**パッキングリスト**（Packing List）です。

では、2つの書類について詳しく見ていきましょう。

●インボイスのつくり方

インボイスは、商業送り状とも呼ばれます。

仕入書でもあり、納品書や請求書の役割も果たす多機能な書類です。商業用と通関用がありますが、記載事項は同じです。

インボイスに記載する項目は、以下の通りです。

①買主（輸入者）の名前と住所
②荷送人（輸出者）の名前と住所
③インボイス番号
④作成日
⑤船積港と荷揚げ地
⑥荷印（Shipping Mark）
⑦貨物の明細（価格・数量など）

［＊］船積書類の作成は、通関業者が代行することも多い。

インボイスとはどんな書類?

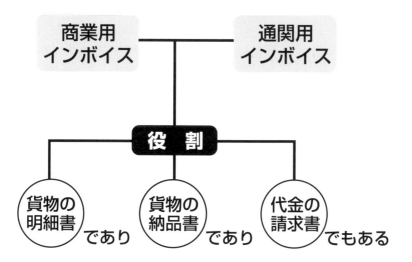

商業用
インボイス ── 通関用
インボイス

役　割

貨物の
明細書
であり

貨物の
納品書
であり

代金の
請求書
でもある

インボイスには何が記載されている?

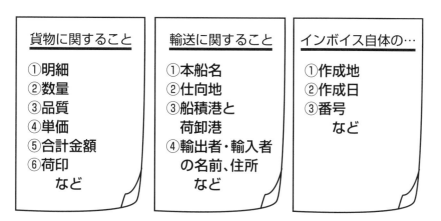

貨物に関すること

①明細
②数量
③品質
④単価
⑤合計金額
⑥荷印
　など

輸送に関すること

①本船名
②仕向地
③船積港と
　荷卸港
④輸出者・輸入者
　の名前、住所
　など

インボイス自体の…

①作成地
②作成日
③番号
　など

このほかに、貿易条件や信用状番号なども記載されます。

●パッキングリストのつくり方

　パッキングリストは、梱包明細書とも呼ばれ、貨物をどのように梱包しているのか、梱包数や重量、大きさや外装に記したマークがどのようなものかなどを記載する書類です。

　輸出地の税関と輸入者が積荷を照合するため、インボイスの補足書類として使われるもので、インボイスに梱包の明細が記されていれば、別途用意する必要はありません。

　ただし、信用状に条件として記載されている場合は、忘れずに作成するようにしましょう。

　パッキングリストの記載内容は、インボイス同様、取引先と輸出者の名称・住所、日付のほか、以下の項目を記載します。

①梱包状態
②正味重量（Net Weight）
③総重量（Gross Weight）
④容積（Measurement）
⑤荷印

　①梱包状態には、1カートンごとの数量や、個々の梱包の中身などをわかりやすく記載します。

　②正味重量は、輸出者が量った重さをそのまま記載します。

　ここで注意しなくてはいけないのは、③総重量と④容積の欄。この欄は、作成時は空白にしておかなければいけません。

　次のプロセスで、通関業者が公認検定機関が検量して発行する**容積重量証明書**をもとに記入するからです。この数値が運賃計算のもとにもなります。

　また、銀行が手形を買い取る際のパッキングリストも、正確な数字が記入されていないと不備となるので要注意です。

荷印

Shipping Mark。貨物を梱包状態で特定できるようにするためのもの。荷主や荷受人を表す略語や仕向地、貨物の内容などがわかるようになっている。

パッキングリストとはどんな書類？

パッキングリストとは…

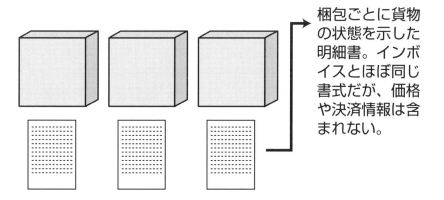

梱包ごとに貨物
の状態を示した
明細書。インボ
イスとほぼ同じ
書式だが、価格
や決済情報は含
まれない。

パッキングリストには何が記載されている？

貨物に関すること

①明細
②数量
③個数
④ケースナンバー
⑤荷印
　　など

輸送に関すること

①本船名
②船積港と
　荷卸港
③輸出者・輸入者
　の名前、住所
　　など

パッキングリストはインボイスと兼用することもできる。

容積重量証明書

運賃算出だけでなく、Ｂ／Ｌ作成にも使われる。信用状に要求があった場合は、輸出者は買取銀行
に手形と一緒にこの書類を提出する必要がある。作成は国土交通省認定の検量人が行う。

●原産地証明書の入手方法

信用状の条件によっては、インボイスとパッキングリストのほかに、原産地証明書や検査証明書を用意しなくてはいけない場合もあります。

原産地証明書（Certificate of Origin）は、取引商品の国籍を証明する書類であり、商品が特定の国（地域）で生産・製造・加工されたことを証明するものです。

鉱物や農水産品など認定される商品が決まっているので、物によっては申請が通らない場合もあるでしょう。

原産地証明書は、各地の商工会議所で手に入れることができます。この際に商業用インボイスが必要になりますので、原産地証明書が必要な場合は、これも用意しておきましょう。

●検査証明書の入手方法

検査証明書（Inspection Certificate）は、輸入者から発行を求められる書類です。

契約書で、商品の品質が「提出されたサンプル通り」ではなく、「船積み時の品質による」となっている場合に、貨物が契約通りの品質で輸出された（船積みされた）ことを保証します。

発行するためには、船積み前に政府に認定を受けている国際検査機関に商品の検査を依頼しなければいけません。

また、取引国によっては、相手から提示された条件がどうであれ、すべての商品に添付を義務づけている場合もあります。

ジェトロのHPなどでは、各国別に証明書添付に関する規定が明記されていますので、参考にしてみてください。

商業用インボイス

一般的なインボイスのこと。つまり、船積事項の詳細や商品の数量などが確定していないと、原産地証明書の発行を依頼できない。

インボイスのサンプル

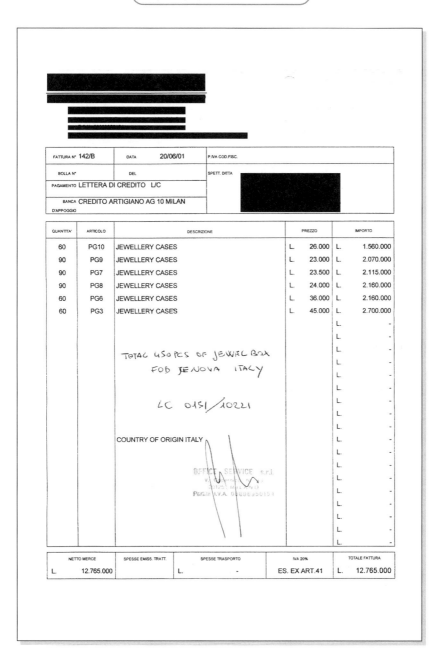

FATTURA N° 142/B	DATA 20/06/01	P.IVA COD.FISC.
BOLLA N°	DEL	SPETT. DITTA

PAGAMENTO LETTERA DI CREDITO L/C

BANCA D'APPOGGIO CREDITO ARTIGIANO AG 10 MILAN

QUANTITA'	ARTICOLO	DESCRIZIONE	PREZZO	IMPORTO
60	PG10	JEWELLERY CASES	L. 26.000	L. 1.560.000
90	PG9	JEWELLERY CASES	L. 23.000	L. 2.070.000
90	PG7	JEWELLERY CASES	L. 23.500	L. 2.115.000
90	PG8	JEWELLERY CASES	L. 24.000	L. 2.160.000
60	PG6	JEWELLERY CASES	L. 36.000	L. 2.160.000
60	PG3	JEWELLERY CASES	L. 45.000	L. 2.700.000

TOTAL 450 PCS OF JEWEL BOX
FOB GENOVA ITALY

LC 0151/10221

COUNTRY OF ORIGIN ITALY

OFFICE SERVICE s.r.l.

NETTO MERCE	SPESE EMISS. TRATT.	SPESE TRASPORTO	IVA 20%	TOTALE FATTURA
L. 12.765.000		L. -	ES. EX ART.41	L. 12.765.000

【輸出⑫】
通関業務を依頼する

▼ここで登場するキーワード
**船積依頼書　検査場検査　本船検査　艀中検査
輸出許可書**

●船積みの手続きは通関業者に依頼

　船積書類の作成が終わったら、通関業者（海貨業者）に通関と船積み、出荷の手配を依頼します。このとき、船会社に正確な船積書類を作成してもらうために、**船積依頼書**（Shipping Instruction：S／I）を渡しましょう。船積依頼書は船積指示書とも言われ、これを基に通関業者は船積みの手続きを行います。

　貨物と船積依頼書、インボイスやパッキングリストなどを受け取った通関業者は、貨物を保税地域に運び入れ、公認検定機関を手配します。公認検定機関は、パッキングリストなどに記入する貨物の総重量や容積などを検量する機関です。

●税関での検査にはどんなものがある？

　税関では、申告内容と現品が一致しているかどうかを確認するために、必要に応じて税関検査を行います。

　検査には、対象物を税関の施設内や検査場などに持ち込んで行う**検査場検査**、本船に積んだまま行われる**本船検査**、はしけに貨物を積んだまま行う**艀中検査**などがあります。

　ちなみに、本船検査はセメントや鋼材など、艀中検査は木材や化学薬品などが検査対象となります。

　また、大型機械など検査場に持ち込むのが困難なものを検査する現場検査や出張検査があります。

　検査が終わり、問題がなければ**輸出許可書**が税関より発行されるので、通関業者は貨物を船会社に依頼して出荷します。

船積依頼書
船積指示書と呼ばれることもある。通関業者に船積みと通関業務を依頼する書類であり、その後、通関業者が船積指図書を作成する際にも必要になる。

輸出通関の書類の流れ

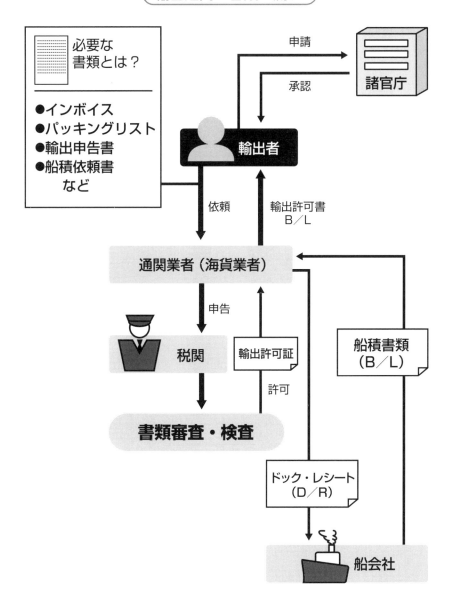

必要な書類とは？

●インボイス
●パッキングリスト
●輸出申告書
●船積依頼書
　など

申請

承認

諸官庁

輸出者

依頼

輸出許可書
B／L

通関業者（海貨業者）

申告

税関

輸出許可証

許可

船積書類
（B／L）

書類審査・検査

ドック・レシート
（D／R）

船会社

貨物を出荷する

▼ここで登場するキーワード
ドック・レシート（D／R）船積依頼書（S／I）
船積指図書（S／O）

●輸出許可がおりたら「コンテナ詰め」へ

　海上輸送される貨物を取り扱う業者を海貨業者と言いますが、たいていは通関業者が兼ねています。

　貨物は、輸出許可がおりるとコンテナ詰めされてCY（コンテナ・ヤード）に運ばれます。このときコンテナ1台に満たないLCL貨物の場合は、ほかの貨物と一緒にするため、CFS（コンテナ・フレイト・ステーション）に運ばれます。

　FCL貨物は自社倉庫や工場などでコンテナ詰めを行いますが、この場合は税関で「コンテナ扱い」の許可をもらわなくてはいけません。

　海貨業者は、出荷に必要なドック・レシート(Dock Receipt：D／R)や、船積依頼書（S／I → STEP43）をもとに船積指図書（Shipping Order：S／O）を作成します。

　これらは、輸出許可書とコンテナ貨物搬入票と一緒に、FCL貨物の場合はCYに、LCL貨物の場合はCFSに提出されます。

●輸入者に「船積み完了」を通知する

　海貨業者から船積みが完了したという知らせを受けたら、輸出者はそれを、輸入者に通知します。

　これは船積通知(Shipping Advice)と呼ばれるもので、通常、FAXやメールで行われます。通知する内容は、船名、数量、品名、出港日、入港予定日などです。船積書類は、このあと、船会社より船荷証券（B／L）を受領してから送ることになります。

ドック・レシート
D／RはDock Receiptの略。船会社が保税地域に搬入された貨物に対して受取証として発行する書類のこと。在来船の場合はメーツ・レシートになる。

船積通知のFAX文例

Dear Sirs,

We are pleased to advise you that we have effected shipment as follows:

Sales contract No 465-11
L/C No 4537865
Date of shipment : 03/11/20XX
Article : Ceramics
Quantity : 10000 pieces
AWB No 44563
Aircraft : JAL 7355

We hope you will receive your order in good condition.

Thank you.

Best Regards,

Yu Osuka

訳 先般下記の内容にて船積みが、完了したことを
お知らせいたします。

契約書番号 No465-11
信用状番号 No 4537865
船積日:20XX年11月3日
商品:陶磁器類
数量:10000個
エアウェイビル No 44563
便名:JAL 7355

商品が、最高の状態で到着することを
お祈りいたしております。

敬具

大須賀祐

船積指図書

Shipping Order。船会社が本船の船長宛てに船積みを指図する書類。海貨業者が船積指示書（S／I）
とインボイスをもとに作成し、船会社に提出する。

【輸出⑭】
船荷証券を取得・発送する

▼ここで登場するキーワード
船荷証券（B／L）　船積船荷証券　受取船荷証券　船積証明追記　指図式船荷証券　記名式船荷証券
無故障船荷証券　故障付き船荷証券　航空貨物運送状　マスターAWB　ハウスAWB

●船荷証券は最重要書類

　船荷証券（Bill of Lading：**B／L**）は船積書類のひとつですが、貿易に関係する書類の中でももっとも重要な書類です。

　輸出者にとっては代金回収のための手形の裏づけであり、運送契約書でもあります。そして、輸入者にとっては貨物の引き取り権利証になるのです。

　B／Lは輸出通関手続きの完了後、船積みが終了した時点で貨物の受取証明のために、船会社が発行します（＊1）。その後、通関業者を経て、輸出者に届けられます。

●船積船荷証券と受取船荷証券

　一口に船荷証券と言っても、発行のされ方によってさまざまな種類があります。ここでは3分類、計6種類の船荷証券についてご説明しましょう。

　まずは、船積船荷証券と受取船荷証券。

　実際に貨物がB／Lに書かれた船に船積みされたら、そのあとに発行されるのが船積船荷証券（Shipped B／L）です。

　対して、貨物を船会社に預けたあと、B／Lに書かれた船に積まれる前に発行されるのが受取船荷証券（Received B／L）です。

　信用状決済の場合、戦争危機担保保険が船積み以降にしかかけられないこともあり、銀行は基本的には船積船荷証券しか買い取りません。ですから、受取船荷証券の場合は、貨物が実際に積み込まれたという**船積証明追記**（On Board Notation）をしてもらい、船積船荷証券と同等にしてもらう手続きが必要になります。

[＊1] 船荷証券は3枚セットで発行され、紛失などの事故に備えられる。1枚が使われた場合、残りの2枚は無効となる。

船荷証券の発行と発送

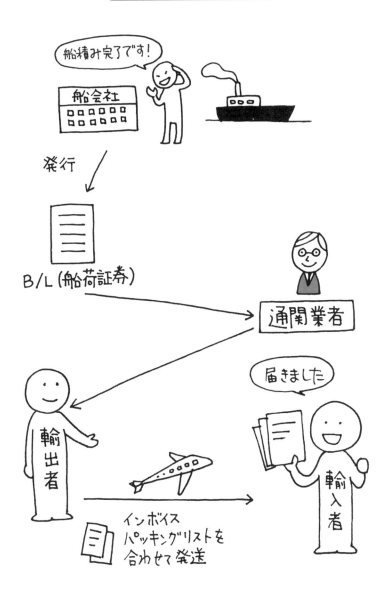

船積船荷証券

船積船荷証券は、在来船の場合に発行される。

●指図式船荷証券と記名式船荷証券

　荷受人が特定されずに発行されるのが指図式船荷証券（Order B／L）で、裏書き（＊2）によって貨物の所有者が移転するため、担保にすることができます。

　対して、荷受人が最初から輸入者などに特定されて発行されるのが記名式船荷証券（Straight B／L）です。特定されている荷受人以外がこれを持っていても貨物を持っている証明にはならないため、銀行が担保に設定することができません。

　信用状決済の場合、船荷証券は指図式船荷証券でなければ取引できないのです。

●無故障船荷証券と故障付き船荷証券

　無故障船荷証券（Clean B／L）は、船会社が貨物を受け取る際に、状態を調べて何も問題がなかったときに発行するものです。

　対して、故障付き船荷証券（Foul B／L）は、梱包に異常があった場合や、貨物の損傷や数量不足が生じていたときに発行されるもので、券面に「Remarks」と記載されています（＊3）。この故障付き船荷証券は、銀行が買い取りに応じてくれません。

　もし、故障付き船荷証券が発行されてしまった場合は、その部分を訂正してもらうように依頼しましょう。そのために、船会社に「この訂正によって発生する一切の責任を輸出者が負う」と記載された補償状（Letter of Indemnity）を差し出すことになります。

　故障付き船荷証券の訂正は、「問題が重大ではない場合」という条件付きで、実際の現場ではよく行われています。

●B／Lがそろったら船積書類を輸入者に送ろう

　船荷証券（B／L）の種類については、ご理解いただけたでしょうか。このようにいくつかの種類があるB／Lですが、いずれに

［＊2］裏書きのことを「endorsement」と言う。信用状決済では、船荷証券作成方法に「Made Out to Order and Blank Endorsed」など、指図式船荷証券であることが指示されている。

船荷証券の種類

種類	内容
船積船荷証券	船積み後に発行される船荷証券。表面右上の欄に "Shipped on board the vessel.〜" と書かれているのが特徴。銀行は、基本的に、この形式しか受け取れない。
受取船荷証券	船積み前に発行される船荷証券。表面右上の欄に、"Reseived by the Carrier from the shipper〜" と書かれているのが特徴。信用状取引においては、一般的に船積船荷証券が要求されるので、「船積証明追記（On Board Notation）」をしてもらえば、船積船荷証券と同等に扱ってもらえる
指図式船荷証券	荷受人が特定されずに発行される船荷証券。裏書きで譲渡が可能になるため、担保として利用できるという特徴がある。
記名式船荷証券	荷受人が最初から特定されているのが記名式船荷証券。特定されている人以外が所有していても、貨物を持っている証明にはならないので、担保として利用することはできない。
無故障船荷証券	貨物の梱包や数量、状態について、何も問題がないときに発行される船荷証券。銀行は、一般的にこの形式のみ扱う。
故障付き船荷証券	貨物の梱包や数量、状態について異常が認められたときに発行される船荷証券。銀行では買い取ってもらえないので、船会社に補償状を差し出すことになる。

［＊3］例えば「1 case broken（1箱破損）」などと書かれたコメントのこと

せよ、B／Lを船会社から受領したら、次にするのは輸入者にB／Lを含む船積書類を送付することです。

　信用状決済の場合、直接送るのはインボイスやパッキングリストですが、これは原本である必要はありません。手元にあるものの控えをFAXやメールで送ったり、輸入者から要望があれば、航空便などで送ったりします。

　なお、原産地証明書は、原本でなければ輸入者が貨物を引き取ることができないため、必ず航空便で原本を送ります。

　信用状決済の場合、B／Lを輸入者に直接送ることはなく、ほかの船積書類とは別になります（＊4）。B／Lは輸出者が荷為替手形を振り出し、銀行に買取依頼をするときに提出し、同時に買取銀行から開設銀行を通して、輸入者に送られるという流れをとります。船積書類の手続きに関する流れは、代金回収の流れ（STEP46）とも多くの部分が重なっています。

●「船荷証券の危機」とは

　近年、航空機やコンテナ船が高速化し、書類の流れが貨物の流れに追いつかなくなったことが原因で、「船荷証券の危機」と言われる事態が起きています（＊5）。

　これは、輸入地に貨物が届いたのに、B／Lが届かないために貨物が受け取れないという状態のこと。

　冒頭でも書きましたが、B／Lは「貨物の引取権利証券」なので、これがないと輸入者が貨物を引き取ることができません。

　信用状決済の際に、B／Lよりも貨物が先に届いてしまった場合は、輸入者は信用状開設銀行に保証状（L／G）を発行してもらい、船会社に提出して、この保証状と引き替えに貨物を引き取ります。この場合、輸入者はB／Lが届き次第、すぐに船会社に提出することになります（→ STEP30）。

[＊4] 代金決済が送金ベースの場合は、輸出者から輸入者にB／Lを直接送付するが、事故などに備え、2～3部に分けて送られる。

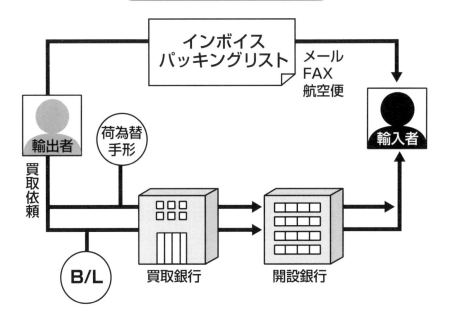

輸入者への船積書類の発送

インボイス
パッキングリスト

メール
FAX
航空便

輸出者
買取依頼

荷為替手形

B/L

買取銀行

開設銀行

輸入者

● SWB とサレンダーB／L

　決済が送金ベースの際に、船荷証券の危機が起きた場合は、一般的に SWB（Sea Waybill）という海上輸送状や、サレンダーB／L（Surrendered B/L）という B/L の代替書類を輸出者が船会社に発行してもらう方法が取られます。

　SWB は、B/L と違って有価証券ではなく、単なる貨物の受取証のため、貨物引き取りの際に提示する必要はありません。

　SWB の荷受人かどうかを確認できれば、その場で貨物の引き渡しができてしまいます。信用面でリスクが高いため、通常はグループ会社間の取引や、長年取引している会社間の取引などで使われることが多い方法です。

　サレンダーB／Lは、B／Lという名称がついていますが、船荷証券の一種ではありません。輸出地の船会社が発行したB／Lに、

[＊5]「船荷証券の危機」の際に、サレンダーB／Lをつくるかどうかは、あらかじめインボイスや契約書などでその旨明記することになっている。

輸出者が裏書きをして、船会社に戻します。そして、オリジナルのB／Lは船会社が保管し、サレンダーのスタンプを押したコピーを輸出者に渡します。その後、船会社が内部で連絡をすることで、輸入地で輸入者がB／Lの提示をしなくても、貨物の引き取りができるようになるのです。

●航空輸送で発行される AWB

ここまでは海上輸送を前提にお話をしてきました。では、航空機で貨物を輸送する場合、船荷証券はどうなるのでしょう？

貨物を海上輸送ではなく、航空輸送する場合は、**航空貨物運送状**（Air Waybill、AWB）が発行されます。

AWBには、航空会社が発行する**マスター AWB**（Master AWB）、混載業者が発行する**ハウス AWB**（House AWB）の２種類ありますが、これらは同じものと考えていいでしょう。

ただ、信用状の条件によっては、銀行がハウス AWB の買い取りに応じないことがあるので事前に確認が必要です。

よく、B／L と AWB は同じものと思われがちなのですが、これは正しくありません。

AWB は、原則的に記名式で発行されるため、信用状の担保にはなりません。そのため、信用状取引で航空輸送される場合、荷受人は信用状の開設銀行になります。

また、単に貨物の運送委託証書に過ぎず、貨物の引換券でもないため、輸入者が貨物を引き取る際には、その権利を荷送人である銀行から譲ってもらうための手続きを取らなければいけません。

このときは、「貨物引渡指図書（Release Order）」という書類を銀行から発行してもらうことになります。

混載業者

複数の荷主が同じ地域に貨物を運ぶ場合に、その小口貨物を１個のコンテナに仕立て、自らが荷送人となって船会社や航空会社と運送契約を結ぶ業者のこと。英語では Consolidator。

B／LとAWBの違いは？

船荷証券には以下の3つの性質がある

①運送契約の証拠

②貨物の受領書

③貨物の引き渡しを
　請求できる権利証券

一方、AWB（航空貨物運送状）には、①②の性質はあるものの、③の性質はない。
B／LとAWBにはさらに次のような違いがある。

	AWB（航空貨物運送状）	B/L（船荷証券）
有価証券とみなせるか	✕	◯
担保にできるか	✕	◯
紛失した場合の手続き	不要	煩雑

【輸出⑮】
輸出代金を回収する

▼ここで登場するキーワード

買取依頼書　荷為替手形　D／P決済　D／A決済

●信用状の指示に従って書類を用意する

　船積みを終えて必要書類を入手したら、いよいよ代金回収です。

　決済が信用状取引の場合は、銀行に対する「買取依頼」の手続きが必要です。

　買取依頼のときに必要な書類は、右図の通り。これらに加えて、必要に応じて海上保険証券（Insurance Policy）などを用意しなければいけない場合もあります。

　B／Lは、この買取依頼の手続きの際、買取銀行から開設銀行を通して輸入者に送られることになります。

●買い取りの流れ

　輸出者は、まず、**買取依頼書**（Application for Negotiation）を作成します。これは銀行に提出する船積書類の種類と枚数を記入したもので、これにより、銀行はどんな書類が輸出者から提出されたかを確認することができます。

　買取依頼書作成と同時に、輸出者は信用状の指示に従って**荷為替手形**（Bill of Exchange）を振り出す必要があります。

　荷為替手形は銀行が用意した手形用紙に必要事項を記入して、作成しますが、海外取引では、第一券と第二券の2通用意しないといけません。これは航空機事故の可能性などが考慮されているためで、第一券と第二券には、二重払いが起きないように「一券が支払われないとき二券が支払われる」といったことが明記してあります。

　輸出者は、買取依頼書と一緒に、荷為替手形の第一券と船積書

買取依頼書
銀行によって書式が異なるので、買取銀行に確認すること。

代金回収と書類の流れ

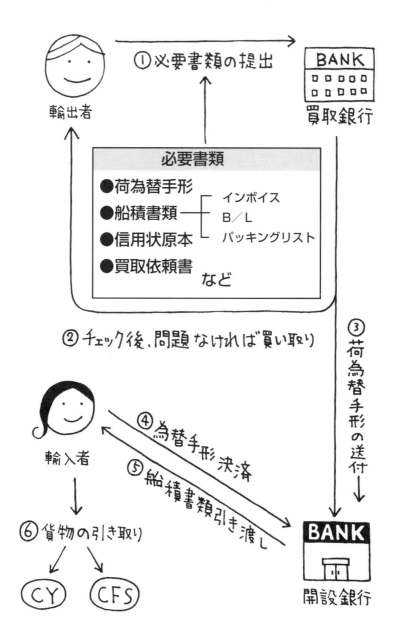

① 必要書類の提出

輸出者

BANK
買取銀行

必要書類

● 荷為替手形
● 船積書類 ─┬─ インボイス
           │   B／L
● 信用状原本 ┴─ パッキングリスト
● 買取依頼書　など

② チェック後、問題なければ買い取り

③ 荷為替手形の送付

輸入者

④ 為替手形決済
⑤ 船積書類引き渡し

⑥ 貨物の引き取り

CY　CFS

BANK
開設銀行

荷為替手形

信用状決済の場合は輸出者が開設銀行宛に振り出し、信用状なしでの決済の場合は輸入者宛に振り出す。

類の原本を、また、第二券と船積書類の控えをそれぞれ銀行に提出します。

　銀行は船積書類と荷為替手形が信用状に記載されている条件と一致しているかチェックします。そこで条件が一致すれば、買い取りに応じてくれるというわけです（条件と一致しなかったときにはSTEP39の手順を踏むことになります）。

　買い取りは本来であれば、買取依頼書の条件一致が認められてから荷為替手形を振り出すという手順を踏むのですが、実際の現場ではすべて同時に行われています。

●信用状以外の決済のとき

　決済において、現在もっとも多く使われている方法は「送金」です（＊）。輸出取引では、決済が送金であれば、未回収のリスクを避けるために前払い分と後払い分に分けるなど、分割払いにするといいでしょう。

　また、**D／P決済**（→STEP27）は、商品の到着前に全額支払われるシステムのため、輸出者にとってはメリットの大きい方法です。しかし、その分、輸入者から承諾を受けづらいかもしれません。

　逆に、**D／A決済**（→STEP27）は、商品の到着後、期日以内に全額払い込むシステムなので、輸入者に有利な方法です。

　D／A決済を採用した場合は、輸入者からのクレームで価格が引き下げにならないよう、気をつけましょう。

［＊］送金決済が増えた背景には、航空輸送の増加に伴い、手続きが煩雑で時間のかかる信用状決済では対応できなくなったという事情もある。

代金回収方法のメリット・デメリットは？

		メリット	デメリット
送金	前払い	回収不能が起きない最良の方法。送金コストが比較的安価。	ほとんどなし
送金	後払い	回収の時期にもよるが、代金の支払い猶予期間を認めれば認めるほど受注額が増える傾向にある。	送金が輸入者の送金行為によって決済が行われるため、輸入者の都合やミスによって決済の遅延が発生することがあり、回収不能になる可能性もある。輸出者にとってはもっともリスクの高い方法。
荷為替手形	信用状付き L／C	前払送金に続いて2番目に望ましい方法。信用状は、開設銀行が支払いを保証してくれるので、安心して輸出ができる。また、信用状の入手によって、輸出貨物の調達・製造に使われた材料の仕入れ代金を銀行から融資してもらいやすくなる。	信用状記載の内容通り、厳密に船積みがされなかった場合、代金の回収に困難が生じるおそれがある。
荷為替手形	信用状なし D／P	信用状決済と違って、銀行の信用補完はないが、手形取引であることから、輸出者にとって債権の確定が容易になる。また、債権が確定することから、債権譲渡などの信用補完手段もとりやすい。	輸出者にとって、書類作成事務に要するコスト、取り立てのコストがかかる。また、輸入者の手元に書類が届くまでに日数がかかることがデメリットになる。
荷為替手形	信用状なし D／A		

フレンドリーだが、尊大、横柄な
雰囲気も併せ持つアメリカ人

広大な北米・中米マーケットがバックにあることから、欲しかったら買え！ というような高圧的な部分もあり、日本人からすると、フレンドリーではあるものの、時折、尊大で横柄な態度を感じるのが、アメリカのメーカーです。

アメリカ人は、家庭でも学校でも自分を大切にし、自信を持つように教育を受けています。言い換えると、小さい頃からずっと「褒められて」育っているのです。

ですから、プライドを傷つけられることをひどく嫌います。100パーセント自分が悪いと思わないと謝りません。謝罪は彼らにとって「負け」だからです。

また、白黒はっきりさせたいという気質があり、曖昧なところを残さない文化があります。アメリカ人とのビジネスで交わす契約書は、分厚くなることが珍しくありません。とにかくすべて書いてあります。議論の余地を残さないために徹底しています。何かあったらすぐ裁判！ 日本の契約書によくある話し合いで円満解決なんて条項は、存在しないと言ってしまってもいいでしょう。

そんなアメリカ人との交渉は、まず「敵意はありません」と示すこと。笑顔がとても大切です。

そのうえで、曖昧なことは言わず、でも、忖度はせずに、堂々とこちらの要求を伝え、最終的な落としどころを探っていくといいでしょう。

第 **4** 章

貿易実務をもっと深く
理解するためのポイント

先物為替予約と通貨オプション

▼ここで登場するキーワード

先物為替予約　通貨オプション　直物相場　先物相場

●為替リスクを回避する２つの制度

　第１章でふれたように、外国為替相場は常に変動しています。そのため、決済のタイミングによっては、損をすることがあります。ここでは、その為替変動によって生じる損を回避するための２つの制度、**先物為替予約**と**通貨オプション**をご紹介しましょう。

　この２つのしくみについて解説する前に、２つの相場について説明しておきたいと思います。

　外国為替相場は、取引の中でいつ通貨の受け渡し（＊１）がされるかによって、**直物相場**（＊２）と**先物相場**に分類されます。

　直物相場（Spot）は、取引の契約日から２営業日目（翌々日）に通貨の受け渡しがされる場合の相場。一般的にニュースなどで報道される為替相場は、この直物相場を指しています。

　これに対して、２営業日目より後に通貨の受け渡しをする場合は先物相場（Forward）が使われます。

　たいていの場合は「×カ月後」など月単位に設定されますが、実際は土日祝日以外であれば、何日先に受け渡し日を設定しても構いません。ですから、いつの先物相場を適用するかは、取引によって異なります。

　これ以外に、契約当日に外貨受け渡しをする場合は当日物、翌日に外貨受け渡しをする場合は翌日物という相場があり、それぞれ当日と翌日の為替相場が反映されます。

●為替リスクの影響を受けにくい先物為替予約

　２つの相場については、ご理解いただけたでしょうか。

[＊１] 円と外貨を交換することを、通貨の「受け渡し」という。

直物相場と先物相場

直物相場（じきものそうば）

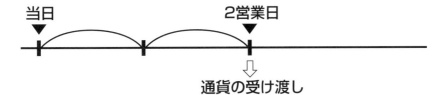

当日　　　　　　　　　　　　2営業日

⇩

通貨の受け渡し

◎2営業日目に受け渡しをする場合に適用される相場。
◎新聞やテレビなどで報道される、いわゆる為替相場は、この直物相場を指す。
◎為替手形の買い取り、送金決済で使われる。

先物相場（さきものそうば）

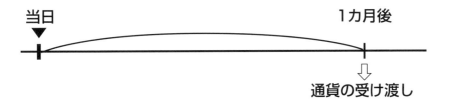

当日　　　　　　　　　　　　　　　　1カ月後

⇩

通貨の受け渡し

◎2営業日から起算して、〇日後、〇週間後、〇カ月後など、将来のある時点で受け渡しをする際に適用される相場。
◎代金後払いで、決済が数カ月後になるような場合に使われる。

［＊2］現在、直物相場取引は取引全体の4分の1以上を占めている。

もうおわかりかと思いますが、先物為替予約とは、「先物相場」を利用した制度で、要するに、将来のある時点で行われる決済を現時点の相場を基にして決める為替売買のことです。

　例えば、ある輸出者が、銀行に対して4カ月後に1万ドルの「先物為替予約」をするとします。

　予約時点で直物相場が130円、先物相場が125円だった場合、4カ月後に輸出者は1ドル125円で1万ドルを決済できます。

　もし、4カ月後、為替の直物相場が円安で135円、もしくは円高で120円になったとしても、予約当時の相場125円で決済されるため、為替リスクの影響を受けずに済むのです。

●先物為替予約のデメリットを解消する通貨オプション

　予約した価格で交換できる先物為替予約には、採算ラインを確定しやすいというメリットがあります。

　しかし、もし予約時より有利な相場になった場合も、予約時の不利なレートで交換しなくてはいけないというデメリットがあるのも事実です

　このデメリットを解消するのが通貨オプションと呼ばれるシステムです。通貨オプションは、簡単に言えば、将来のある時点で外国通貨を買う（売る）権利を購入する取引です（＊3）。

　例えば、取引契約時の直物相場130円で、2カ月後に1万ドルの輸入代金支払いがある場合、その1万ドルを130円で決済する権利を1ドルにつき1円のオプション料で購入します。

　もし、2カ月後の直物相場が135円になってしまった場合、輸入者はオプションを行使して1ドル130円で1万ドルを決済します。

　反対に、2カ月後に円高が進んで直物相場が125円になった場合、輸入者はオプションを放棄して、直物相場の1ドル125円で1万ドルを決済します。

[＊3] 買う権利のことを「コール」、売る権利のことを「プット」と言う。

先物為替予約でリスクを回避

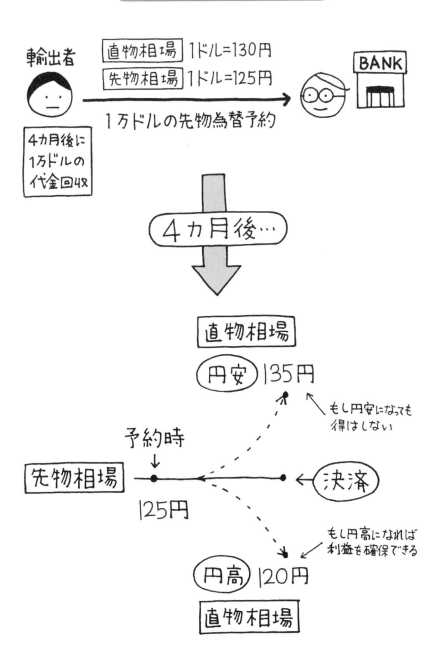

輸出者

| 直物相場 | 1ドル=130円 |
| 先物相場 | 1ドル=125円 |

1万ドルの先物為替予約

BANK

4カ月後に
1万ドルの
代金回収

4カ月後…

直物相場

円安 135円

もし円安になっても
得はしない

予約時
↓

先物相場 ●────────────● ←決済

125円

もし円高になれば
利益を確保できる

円高 120円

直物相場

通貨オプションだと、為替相場が不利になった場合の損失を回避できるだけでなく、相場が有利な条件になったときの利益を得ることもできるのです。

●先物為替予約と通貨オプションの使い分け

　先物為替予約では、輸出取引の際の受取外貨と輸入取引の際の支払外貨の金額を確定させることができます。

　対して、通貨オプションは、為替相場の変動が不利・有利どちらになってもメリットがありますが、相場が動かなかった場合でも、オプション料を支払わなければならないというデメリットがあります。

　契約する銀行によって契約期間やしくみが違いますし、その時々の相場の動き（＊4）によっても、どちらを選択すべきか変わってきますので、銀行担当者と相談することをおすすめします（＊5）。

［＊4］急激な為替変動が起きたときは、決済を早めたり遅らせたりする「リーズ・アンド・ラグズ（Leads And Lags）」という方法もある。

通貨オプションのしくみ

通貨オプションとは、将来のある時期に、ある価格で外国
通貨を売買する「権利」を扱う取引のこと。

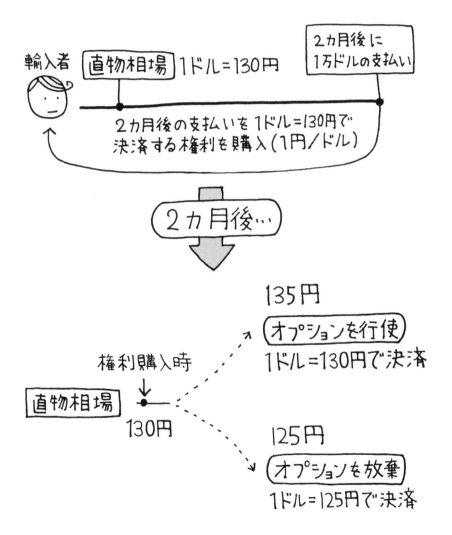

[＊5] 外貨ではなく円建て取引を行うこともできるが、為替リスクが相手側に移ることになるため、
その分取引価格を調整されるおそれもある。

運賃の算出方法と
小口取引の輸送

▼ここで登場するキーワード
**ボックスレート　サーチャージ　CAF　BAF　THC 直送貨物
混載貨物　特定品目賃率　品目分類賃率　一般貨物賃率　EMS**

●海上運賃は何を基準に算出するか？

　貿易には航空便と船便が使われますが、それぞれにメリットとデメリットがあります。

　航空便は船便に比べて速く、安全かつ定時に届きやすいという利点がありますが、運賃は船便より割高になります。船便については、この逆だと考えていただいていいでしょう。

　この項では、上記のような違いをふまえたうえで、船便・航空便の運賃算出に関して詳しく解説します。

　まずは、船便の運賃（海上運賃）について。

　海上運賃は、貨物の種類や形状、価格や包装などを考慮して、コンテナの大きさが決まりますが、もちろん不合理にならないように、貨物の内容によって基準が決められています。

　現在使われている運賃計算基準は、次の通りです（＊1）。

◎容積建て（Measurement Basis）

　大多数の貨物に当てはめられる方法で、1立方メートルを1トンとする容積トン（フレイト・トン）を基準に算出します。

◎重量建て（Weight Basis）

　鋼材など、容積が小さいのに重量がある貨物に当てはめられる基準。

◎従価建て（Ad Valorem Rate）

　貴金属などの高額貨物に当てはめられる基準で、商品の価格の一定の割合を運賃の基準にします。

[＊1] ほかに、自動車や重量機材など、1台につきいくらとする梱包建て（Piece Package Unit Basis）という方式があります。

海上輸送の運賃計算基準

貨物の大きさや重量、価値はまちまち。

容積は小さいのに
重量は重いもの

容積・重量は小さい（少ない）
のに高価なもの

運賃計算基準とそれぞれの特徴

基準	特徴
容積建て	「容量」によって運賃を算定する方法。1立方メートルを約1トンとする容積トンが基準となっている。電化製品など、重量のわりに容積が大きい貨物に適用される。
重量建て	「重量」によって運賃を算出する方法。1000キロを1トンとする重量トンが基準になっている。鋼材や化学薬品など、容積のわりに重量の大きな貨物に適用される。
従価建て	貨物の「価格」によって運賃を算出する方法。貴金属など高価な貨物に適用され、事故が起きた場合の船主の賠償額も、ほかの運賃と比べて高額になる。

◎ボックスレート（Box Rate）

重量や容積に関係なく、コンテナ1本あたりいくらとする算出方法です。商品の種類に無関係の「品目無差別ボックスレート（FAK Box Rate）」と、商品をクラス分けする「クラス別ボックスレート（Commodity Box Rate）」の2種類があります。

●海上運賃に割り増しされるサーチャージ

船便の場合、**サーチャージ**という割増料金が加算されます。最近の海外旅行で燃油サーチャージを支払った方も多いでしょうが、貿易では、ほかにもさまざまなサーチャージがあります。船会社に見積りを頼む場合は、このサーチャージを含めた金額を出してもらう必要があります。主なサーチャージは以下の通りです（*2）。

◎CAF（Currency Adjustment Factor）

通貨変動調整係数と言われるもので、為替レートの急激な変動による損益をカバーするため、ドル建て運賃の総額に一定の％をかけたものです（*3）。

◎BAF（Bunker Adjustment Factor）

燃料費調整係数と言われるもので、原油価格の急激な変動による損失をカバーするため、コンテナや1トンあたりにかけられます。FAF（Fuel Adjustment Factor）とも呼ばれます。

◎THC（Terminal Handling Charge）

コンテナ取扱料金と言われるもので、主にアジア航路で採用されています。これは輸出地・輸入地それぞれのコンテナヤードなどで発生する諸経費の一部を荷主に払わせるもの。

しかし、コンテナ運賃の中に運送人引き渡しからコンテナを返却するまでの使用料が含まれているため、THCを別途徴収することが妥当かどうかは国際的な問題になっています。

[*2] ほかに、アジア諸国で導入されている船積書類発行手数料（Documentation Fee）や、繁忙期の船混割増料金（Congestion Charge）などがある。

サーチャージとは?

サーチャージとは……

貨物輸送で荷主に請求される追加料金。おもに社会情勢によって価格が変動するものに請求される。

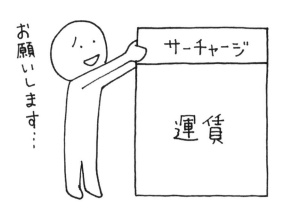

3つのサーチャージとそれぞれの特徴

サーチャージ	特徴
CAF	通貨変動調整係数。為替レートで大幅な変動があった場合に発生する割増金。1コンテナ、または貨物1トンあたりにかけられる。CSやYASという名称で呼ばれることもある。
BAF	燃料費調整係数。燃料（重油）費の高騰があった場合に発生する割増金。航路によってBSやFAFという名称で呼ばれることもある。
THC	コンテナ取扱料金。港湾でのコンテナの取り扱いに関して発生する割増料金。料金設定が不透明だという批判もある。CHC、ECHCという名称で呼ばれることも。

［＊3］アジア航路では YAS（Yen Appreciation Surcharge）と呼ばれる。

●航空便の輸送代金のしくみ

次は、航空便です。航空便の場合は、航空会社の代理店に直接輸送を委託する**直送貨物**と、混載業者（＊4）に委託する**混載貨物**があります。

直送貨物については、IATA（国際航空運送協会）認定の航空運賃の計算基準が以下のように決められています。

◎容積料金（Volume Charge）

貨物の容積を基準に算出する方法です。

◎重量料金（Weight Charge）

貨物の重量を基準に算出する方法で、重量が重くなればなるほど1キロあたりの運賃が安くなります。

◎従価料金（Valuation Charge）

商品の価格を基準に算出する方法です。

ほかに、貨物の総重量が少なく、あらかじめ決められた最低額に満たない場合は、その最低額を運賃に設定することもあります。

直送貨物の場合は、このように算出された額にIATAが定めた運賃率が加わります。

具体的には、必要な最低重量を満たしたもので、特定区間を輸送される特定品目にのみ適用される**特定品目賃率**（Specific Commodity Rate：SCR）、新聞や雑誌、動物など特定の品目に適用される**品目分類賃率**（Commodity Classification Rate：CCR）、このいずれにも当てはまらない貨物に適用され、重量が重くなればなるほど1キロあたりの賃率が低減される**一般貨物賃率**（General Cargo Rate：GCR）などがあります。

基本的にどれも割引される賃率ですが、CCRの場合、動物の輸送が割増になるので注意しましょう。

[＊4] 混載業者は独自の運賃やサービスを定めており、コストカットが可能になる。

航空便の運賃率

特定品目賃率 （SCR）	特定区間を輸送される、特定品目にのみ適用される運賃。一般貨物賃率より安い賃率に設定されているが、「有効期限」「適用条件」が定められている品物もある。
品目分類賃率 （CCR）	定められた地域について、特定の品目の割引率を示した運賃。新聞、雑誌などについては割引になるが、生きている動物や遺骨などは逆に割増になる。
一般貨物賃率 （GCR）	「特定品目賃率」「品目分類賃率」以外の指定貨物が対象で、品目に関係なく適用される。○○キロ以上、××キロ未満のように、重量ごとに運賃が設定されている

品目分類賃率で指定されているもの（一部）

- ●新聞、雑誌、書籍、カタログ
- ●点字本
- ●生きている動物
- ●紙幣、トラベラーズチェック
- ●金塊、ダイヤモンド

●小口の取引はどうする？

船便にしても航空便にしても、貨物はコンテナで輸送されるのが一般的ですが、わざわざコンテナを利用するほどでもない小口の取引をする場合もあります。その場合は、どんな輸送手段が考えられるでしょうか。

小口取引の多くは、国際宅配便と国際郵便小包が使われます。

国際宅配便は航空便で、国内の宅配便同様、輸出者から輸入者へ直接輸送されます。出荷から配送までが速い反面、代金が高いのが難点です。

重量制限や容積制限があるほか、国によっては禁制品（輸入してはならないもの）の指定があったり、発送元・送付先のどちらか一方でも個人の場合は取り扱いされないなどの制限があるので、利用する業者の案内をよく確認しましょう。

国際郵便小包は **EMS**（国際スピード郵便）、航空郵便小包、郵便小包（船便）の３種類がありますが、いずれも重量は30キロまでという制限があります。

EMSは国際郵便小包の中でも最優先に扱われるため、早く届くのが特徴。最短で２～４日で届きます（国や地域により異なる）。航空郵便小包も最短で３～６日で届くのが特徴です（同）。

この２つは国内の宅配便のように荷物の配送状況が確認できますが、いずれも配送料が船便に比べ割高なのが難点です（＊5）。

一方、郵便小包は、船便のため到着までに１～３カ月かかりますが、EMSなどに比べて配送料が割安なのが魅力です。

なお、航空郵便小包にはエコノミー航空で荷物を配送する「SAL便」があります。一般的な航空郵便小包と比べると、時間がかかるだけでなく、状況確認もできませんが、配送料は安くなります。

［＊5］EMSと航空郵便小包は、国によってはEMSのほうが配送料が安くなる場合がある。どちらが経済的かは、日本郵便のＨＰでシミュレーションして決めたい。

小口取引の貨物、どう送る?

コンテナで輸送するほどでもない
小口貨物はどんな手段で送ればいい?

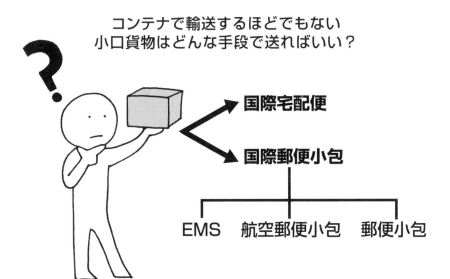

国際宅配便

国際郵便小包

EMS　　航空郵便小包　　郵便小包

国際郵便小包の特徴

	輸送手段	所要日数	価格	重量制限
EMS	航空便	2〜4日	比較的高め	30キロまで
航空郵便小包	航空便	3〜6日		
郵便小包	船便	1〜3カ月	安い	

クレーム処理①
そもそも"クレーム"って何だろう？

▼ここで登場するキーワード

運送クレーム　貿易クレーム　マーケットクレーム

●クレーム＝損害賠償請求？

貨物に損傷があったり、輸送期日が遅れたり……。

貿易にはクレーム（Claim）がつきものです。

このクレームという言葉ほど、日本と海外で意味合いが違うものはありません。

たいていの方は、クレームを「文句を言う」とか「けちをつける」という意味でとらえていると思います。しかし、海外では、「損害賠償を請求する」という非常に重い意味を持つのです（＊1）。

●「クレーム」という言葉は最終段階まで使わない

私が中国に、とある加工品のサンプル製作を依頼したときのことです。納品されたサンプルが設計図と違っていたため、すぐにメーカー側に電話を入れました。

私がメーカーに「設計図とサンプルの寸法が違ったため、納品先からクレームが来た」と言ったところ、「寸法が違うくらいで損害賠償をしなくちゃいけないのか」と言われ、なんと契約を切られてしまったのです。

私は「文句が来た」という意味で使ったのですが、先方は「納品先から損害賠償を請求された」と取ったのです（＊2）。

皆さんも軽々しくクレームという言葉を使うのは避け、「文句を言う」という意味であれば「make complaint」という言葉を使うことをおすすめします。

[＊1]「claim damages ＝損害賠償を請求する」。英語の claim には、所有権などに対して「当然の権利を要求する」というニュアンスがある。

「クレーム」という言葉を巡る誤解

日本

「クレームが…」

- 不平
- 不満
- 文句

不当で「言いがかり」に近いイメージ

契約破棄

損害賠償？

NO

海外

正当な要求あるいは損害賠償

「クレーム」という言葉を、不平や文句という意味で軽く使ったとしても、海外の取引相手には深刻な意味で受け取られる可能性がある。軽々しく使うことは避けたほうが良い。

[＊2] 中国語でビジネス上のクレームは「索賠（賠は簡体字）」。「クレームを申し立てる」は「請求索賠」と表現する。

199

●3種類のクレーム

貿易に関するクレームは、運送中の貨物損傷などの**運送クレーム**と、売買契約の内容に関する**貿易クレーム**の2つに分けることができます。

運送クレームは、輸送中に貨物に傷がついたりしたときなど、貨物の運送人に責任がある場合に、船会社や航空会社相手に申し立てるものです（＊3）。この場合、保険をかけていれば、同時に保険会社にも手続きを行って保険金を請求します。貨物の損傷が、いつ、誰の責任によって起きたかを客観的に報告しなければならない場合、保険会社指定の鑑定機関に報告書（Survey Report）を作成してもらうことになります。

貿易クレームは、品質不良や品質相違、梱包不良や数量不足などの商品に関する契約不履行が起きたとき、もしくは船積遅延や分割輸送になってしまったときなど船積みに関する契約不履行が起きたときに、取引相手に対して申し立てるものです。

さらにもうひとつ、最悪なクレームとして、市場価格や為替の変動のための値引き要求といった、不当な思い違いによる**マーケットクレーム**があります（＊4）。

●クレームは起きないようにするのが最善の策

商品の品質などに関するクレームは、事前のサンプルチェックなどで、また、船積みに関するクレームは事前の契約条件の話し合いなどによって、ある程度防ぐことができるでしょう。

また、マーケットクレームに関しても、STEP38で述べたように契約書にクレーム期限を設けることで防ぐことが可能です。

もっとも、クレームへの最善の対処法は、何より問題を最初から起こさないようにすることなのかもしれません。

［＊3］貨物に損傷や破損があった場合、通常は運送人に問い合わせることになるが、運送約款の免責条項を理由に非がないことを主張されることが多い。

「クレーム」の種類

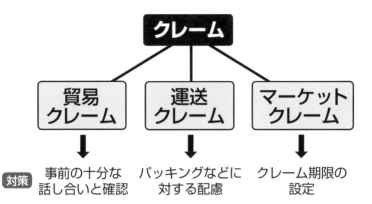

```
                    クレーム
        ┌──────────┼──────────┐
      貿易        運送      マーケット
    クレーム    クレーム    クレーム
        ↓          ↓          ↓
対策 事前の十分な  パッキングなどに  クレーム期限の
   話し合いと確認   対する配慮      設定
```

貿易クレーム 売買契約の内容に
関するもの

- 品質不良（相違）、数量不足など
- 船積遅延、分割輸送

足りない…

運送クレーム 運送中の貨物損傷に
関するもの

- 保管ミスによる品質低下
- 乱暴な取り扱いによる破損

[＊4]輸出者のささいなミスを指摘して、法外な値引きを要求してくる場合もある。これを避けるには、十分な説明と契約時に免責範囲を明確にしておくことが不可欠。

クレーム処理②
クレームの実例を見てみよう

▼ここで登場するキーワード

裏面約款

●クレームで泣き寝入りしないために

　クレームの問題は、具体的なお話をしなければ、ピンと来ないかもしれません。

　そこで、これまで私が実際に体験したエピソードをいくつかご紹介します。私と同じ目に遭わないためにも、ぜひ参考にしてみてください。

●〈ケース①〉サンプルが届かない！

　ある展示会に行ったときのことです。低価格なのに見た目が良く、売れそうな商品を見つけた私は、その場でサンプルをオーダーしました。３万円程度だったので、送金手数料を考えたらその場で支払ったほうが得だと考え、仮領収書と引き替えに代金を支払いました。その後、サンプルと一緒に正式な請求書と領収書を送ってくれるように依頼したのですが……。

　待てど暮らせどサンプルは届かず、請求書も領収書も届きません。何度メールしても、返事すらありませんでした。

　半年後、同じ展示会に出かけた折、そのメーカーに強く抗議をしました。しかし、先方は「そんなお金は知らない」の一点張り。最悪なことに、私はそのとき受け取った仮領収書をなくしてしまっていたため、支払い事実を立証できず、泣き寝入りする羽目になりました。前払いをするときには、たとえ少額でも注意を怠らず、どんな書類もなくさないように肝に銘じました。

　　　[＊1] 届いた商品に欠陥や破損などがあった場合は、必ず証拠写真を撮影しておくこと。写真を提出することで、被害の状況を具体的に伝えることができる。

●〈ケース②〉「天然物」の落とし穴

中国から木製のフォトフレームを輸入したときのことです。

商品が届いてみると、かなりの数のフレームがねじれていました。十分に乾燥させた木材を使えばたいてい大丈夫なのですが、一枚板の木製品は、時間が経つと「ねじれ」を起こすことがよくあるのです。

私はすぐに抗議しました。届いたものは、おそらく今回の発注で製造したものではなく、別の会社でキャンセルになったものに違いないと考えたからです。

メーカーには、届いた現品の写真（＊1）を送って抗議したのですが、「天然物はそういうリスクがつきものですよ」と一向に取り合ってはくれず、結果はこれまた泣き寝入りする羽目になってしまいました。

「天然物」を輸入する際には、契約書の裏面約款などに、極端な変形は返品できる旨の条項を盛り込んでおきましょう。

●〈ケース③〉輸送途中のアクシデント

スペインから、アロマキャンドルを輸入したときのことです。アロマキャンドルは、本体にのりが使われていたのですが、輸送中に、のりが外に溶け出していました。

そんな状態では当然売り物にはなりません。それどころか、コンテナが汚れたという理由で運送会社からクリーニング代を請求されてしまったのです。

私はメーカーに、接着不足ではなかったのかと抗議しました。しかし、考えてみれば、輸送の途中に赤道を通過するので溶ける可能性があったということを、私も気づくべきだったのです。

結果的にお互いに非を認め合い、クリーニング代などを50％ずつ負担することで和解したのでした（＊2）。

[＊2] 相手に全面的に非がある場合でも、話し合いが平行線をたどり、交渉が長期化しそうなときは、このように費用を互いに折半することで決着させるのも現実的な選択。

クレーム処理③
クレームはどうやって解決する？

▼ここで登場するキーワード

和解　調停　仲裁　訴訟　貿易アドバイザー

●和解は最善の解決手段

クレームの一番理想的な解決方法は、当事者間の話し合いによる**和解**（Compromise）です（＊1）。しかし、それでも解決しない場合は、以下のような方法がとられます。

◎調停（Mediation）

当事者の双方で選んだ第三者に、調停人（Mediator）として調停案を示してもらいます。しかし、調停案は強制ではないため、どちらか一方が調停案を拒否すると、まとまりません。

◎仲裁（Arbitration）

当事者の双方で選んだ第三者に、仲裁人（Arbitrator）として裁定書を作成してもらいます。この裁定書は裁判の判決と同じ強制力があるため、従わなければいけません。

仲裁はほかの方法に比べて費用が安く、判断までの期間が短いというメリットがあります。STEP38でご紹介したように、日本には、国際商事仲裁機関として日本商事仲裁協会があり、各国の仲裁機関と連携しています（＊2）。

◎訴訟（Litigation）

調停や仲裁での解決に双方が合意しない場合に、一方が自国もしくは相手国の裁判所に訴える方法です。契約書の裏面約款に「日本の法律で裁判を行う」という条項が入っていない場合は、相手国で裁判が行われ、納得できない結果に終わったり、弁護士費用がかさんだりするため、デメリットも多くなります。

[＊1] 売買契約書や注文書、通信記録などを参照しながら、当事者間で冷静に話し合うこと。継続的に取引をしていきたいなら、もっとも望ましい解決策。

クレームの解決手段

和解	当事者同士の話し合いで問題を解決する。誤解や連絡の未達などでトラブルが生じた場合は、時間をかけて話し合うことが解決への近道。
調停	当事者双方が選んだ調停人に調停案を出してもらう。調停人は双方から提出された意見や証拠書類などから、調停案を提出する。ただし、この調停案には法的拘束力がない。したがって、どちらかが調停案を拒否すると解決できない。
仲裁	当事者双方が選んだ仲裁人に裁定書を出してもらう。裁定書には法的拘束力があるため、結果には従わなければならない。ほかの解決手段に比べて「費用があまりかからない」「短期間で結論が出る」というメリットがあり、トラブル解決手段としてはもっとも効果的。
訴訟	調停や仲裁でも問題が解決しなかった場合の最終手段。ただし、日本の法律で裁判を行うことを契約時の裏面約款に入れておかなければ、相手国で裁判が行われてしまうことも。最終判決までに長い時間がかかるため、解決策としてはあまり現実的ではない。

解決に関する話し合いが持たれる場合、契約の内容によっては相手国（または第三国）に出向かなければならないこともある。その場合、弁護士や関係者の渡航費・滞在費を用意しなければならない。

[＊2] 仲裁は国際商業会議所 (ICC) でも行われる

●もっとも現実的な方法は？

　仲裁や裁判などを利用した場合、お互いの関係が壊れることはもちろん、費用と時間を浪費するのは間違いありません。

　私が現場で実際に使う解決方法は、トラブルが起きたときはそのままにして、次回の取引のときに相応の値引きをしてもらうというもの。これなら事態も大きくなりませんし、お互いに納得しやすくなります。

●保険を請求する事態になったら

　商品の輸送中の破損などは、保険でカバーすることになりますが、この手続きについて簡単にご説明します。

　貿易条件によって、保険請求をするのが輸出側になるか輸入側になるかが変わりますが、いずれにせよ保険金を請求する人を保険求償者と呼びます（＊3）。

　保険求償者は、商品の破損を発見した時点で貨物の受取書類に破損の旨を記載して、運送人に損害賠償を行う権利を留保する求償通知書（Claim Letter）を送付します。

　その後、事故通知を受けた保険会社が損害査定人（Surveyor）を派遣して調査し、事故報告書（Survey Report）が作成されます。保険会社はこの報告書に基づいて損害額の査定を行い、保険金額を決定します。

　保険求償者は、保険証券、B／L（船荷証券）、インボイス、求償通知書の写しなど、必要書類を提出することによって保険金を受け取ることができます。

●トラブルはプロに相談してみよう

　クレームについて、どう処理すればいいのかわからなくなったら、貿易に関する専門機関であるジェトロ（日本貿易振興機構）

［＊3］「求償」とは保険会社が運送人などに賠償を求めることで、代位求償とも言う。

保険求償の手続き

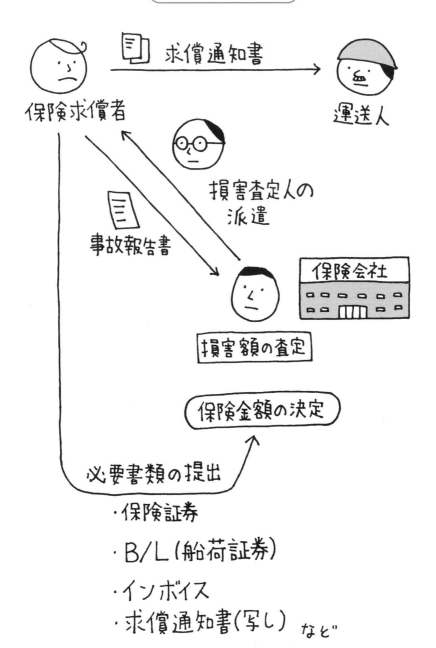

求償通知書

保険求償者

運送人

損害査定人の
派遣

事故報告書

保険会社

損害額の査定

保険金額の決定

必要書類の提出

・保険証券

・B/L (船荷証券)

・インボイス

・求償通知書 (写し) など

やミプロ（対日貿易投資交流促進協会）に相談してみましょう。経験豊富な専門家から解決の手がかりを得ることができます（＊4）。

また、貿易アドバイザー協会（AIBA）でも、ジェトロ認定の**貿易アドバイザー**が専門分野別に相談に応じてくれます（有料）。

このように、公的機関を利用して、早い段階でプロの助言を得るのも問題解決の近道です。

●解決に一番必要なのは思いやり

クレーム問題は大変やっかいですが、仲裁や裁判など法的拘束力を使って解決するのは最終段階だと私は考えています。

貿易は"物"や"書類"のやりとりだけが注目されがちですが、最終的には人と人が行うものです。思いやりと理解があれば、解決できないものはないと思うのです。

以前、私が中国から陶磁器を輸入したときのことです。

品質トラブルが起こり、商品の交換を申し入れたところ、輸出業者とメーカー側の交渉がうまくいっていないらしく、返答がなかなか来なかったことがありました。

結局、問題は解決しないまま、別件で中国へ出張したのですが、ある日、その輸出業者がホテルまで謝罪に来てくれたのです。隣の省から片道5時間かけて来てくれた彼の心に感動して、私は彼を信頼し、許す気になりました。

その後、彼は頑として「不良品はない」と言い張るメーカーと根気強く交渉し、結果として30％の値引きをメーカーに確約させてくれたのです。

彼とは今でもお互いに信頼のおける間柄になっています。

言語や文化的背景が違っても、誠意を持って相手と向き合えば必ずわかりあえると私は信じています（＊5）。

[＊4] 専門家による無料電話相談を受け付けている場合もある。受付時間が限られているが、気軽にプロの意見が聞けるので、ぜひ活用したい。

クレーム解決のヒント

もし
解決できない
トラブルが
発生したら…

ジェトロ （日本貿易振興機構）
ミプロ （対日貿易投資 交流促進協会）
貿易アドバイザー協会
経済産業省

などに相談する

思いやり

相互理解

信頼

貿易は「人」と「人」が行う経済活動。言語
や文化的背景が異なっても、誠意を持って向
き合えば必ず問題は解決するはず。

[＊5]　クレームをめぐって、相手との間で激しいやりとりが行われることもある。しかし、そのこ
とがきっかけとなり、交渉相手が有力なパートナーに発展することもある。

今後の貿易に関する展望
～あとがきに代えて～

　日本は中国、アメリカ、ドイツに次ぐ世界第4位の「貿易大国」です。2021年の日本の貿易総額は、1980年と比べると約2.7倍となっています。これからも貿易大国としてあり続けることは間違いありません。

　資源に乏しい日本は、これまでずっと貿易によって成長、発展してきました。貿易なくして日本の現在はなかったでしょう。

　近年、関税障壁の撤廃等による国際貿易の自由化と遠距離輸送費用の低下を受け、貿易がより盛んになっています。世界中で生産地をコスト面で有利な場所に移動し、それを輸入するという形を大企業がとり始めたことで、物品が活発に行き来するようになり、急速にグローバル化が進んだのです。

　貿易におけるグローバル化とは、「世界的な経済の統合拡大であり、特に国境を越えた財、サービス、資本の移動を通じてこうした動きが進むこと」とIMFにより定義されています。

　EPAの締結などで「ヒト、モノ、カネ、情報」などが国境を越えて自由に行き交い、まさにグローバル化して、政治的・経済的・文化的な影響が世界中に伝播しています。

こうしたグローバル化の流れにより、貿易の内容も変化してきました。

　モノの輸出入だけでなく、サービス貿易（金融、運輸、通信、建設、流通等のサービスの国際取引のこと）や企業の売買、海外工場の建設なども増えています。

　この勢いでグローバル化がますます進むかと思われた矢先、新型コロナウイルスのパンデミックやロシアによるウクライナ侵攻

で世界の供給網が大混乱に陥り、原材料費、輸送費の高騰なども相まって少々グローバル化が行き詰まりを見せ始めました。とはいえ、止まったわけではありません。

それを証拠に2022年の世界貿易は、名目ベースで過去最高水準に達する勢いでしたし、数量ベースも過去最高水準です。さらに、世界のGDPに占める貿易の割合も上昇しています。

さらに新型コロナウイルスのパンデミックが落ち着き始めたことから、経済は上向き始めています。停滞していた分、今後ますます貿易は活発になっていくでしょう。

ただし、グローバル化自体は世界全体でというより、本書でもお話ししたFTAやEPA、TPPやRCEPなど、地域ごとに結び付きを強めて進んでいくことが考えられます。

地域化が進むことで新たな経済圏が誕生します。それに伴い、商圏が拡大し、マーケットが広がり、経済的な活性化が見込めます。

また、今後はEPAやTPPなどにも盛り込まれている「サービス貿易」にも注目です。

インターネットの発達により、モノだけではなく金融や通信、流通などのサービス自体を輸入することもさまざまな分野で可能となり、今後は主流になっていくと思われます。

世界貿易（＊）におけるサービス貿易の割合は年々増加しており、2030年には25％を超えるとも言われています。モノの輸出入にとらわれず、自由な視点で貿易に取り組むことが今後のビジネスには不可欠ですし、成功のコツとも言えます。

[＊] 全世界で行われている貿易全体のこと

なお、グローバル化にはさまざまな課題があり、反グローバル化の動きや関税をかける保護貿易に戻すといった揺り戻しの力が働いたり、保護化する流れがあったりすることも事実です。

　また、2022年、日本は貿易赤字だったと言われていますが、これは円安と戦争などによる資源高騰などの一時的な要因によるものでした。

　貿易は、円安、円高などを含めた世界情勢に影響を受けるものです。短期的な視点にとらわれず、長期的な目線でその状況においてのベストを探っていくことが必要です。そのうえで、自身も常に変化していくことが、貿易の面白さであり、醍醐味と言っていいでしょう。

　いまや貿易は商社だけのものではなく、中小企業や個人規模でも取り組むことができます。

　むしろ、小回りの利く中小・個人企業のほうが、重宝されることも増えてきました。

　グローバル化による貿易範囲の拡張は、ビジネスに多くの可能性を与えてくれます。

　海外マーケットとつながることで新たな技術やビジネスモデルにも出会えます。特定の地域や国との貿易はやりやすくなりますし、恩恵は受けやすくなるでしょう。

　貿易の自由化の流れを促進し、次世代のルール作りに参加することは、貿易立国である日本に広く利益をもたらします。

2022 年、日本は貿易赤字だったと言われていますが、これは円安と戦争などによる資源高騰などの一時的な要因にすぎません。

　円安、円高などを含めた情勢は常に流動するものです。

　こうした短期的な視点にとらわれず、長期的な目線でその状況においてのベストを探っていく。そのうえで自身も常に変化していくことが貿易の面白さであり、醍醐味です。

　もしこの本をお読みいただいたことで、貿易に興味が湧いた、やってみたいと思われたら、その気持ちをおさえることなく、挑戦してみてください。

　始めたいと思ったそのタイミングで始めるべきです。

個人規模でも貿易には取り組めますので、恐れることなく、ぜひ、この世界に飛び込んでみてくださいね。

【参考文献】

- 『リモート輸入ビジネス成功マニュアル』大須賀祐（あさ出版）
- 『これ1冊でぜんぶわかる！輸入ビジネス 完全版』大須賀祐（あさ出版）
- 『実はとっても簡単！儲かる輸入部門のつくり方・はじめ方』大須賀祐（明日香出版社）
- 『価格はアナタが決めなさい。 輸入ビジネスに学ぶ儲かる仕組み』大須賀祐（集英社）
- 『「儲かる仕組み」は自由に作れる！社長のための輸入ビジネス』大須賀祐（みらいパブリッシング）
- 『おもしろいほどよくわかる 貿易ビジネスの基本と常識』大須賀祐（PHP研究所）
- 『輸入ビジネス 儲けの法則』大須賀祐（現代書林）
- 『個人ではじめる輸入ビジネス』大須賀祐（KADOKAWA）
- 『個人ではじめる輸入ビジネス 改訂版』大須賀祐（KADOKAWA）
- 『初めてでもよくわかる 輸入ビジネスの始め方・儲け方』大須賀祐（日本実業出版社）
- 『実践国際ビジネス教本』ジェトロ編（世界経済情報サービス）
- 『実践 貿易実務』神田善弘（ジェトロ）
- 『わかりやすい 貿易実務』片山立志・寺田一雄（オーエス出版社）
- 『輸出入・シッピング実務事典』高内公満（日本実業出版社）
- 『出る順 通関士』片山立志・LEC東京リーガルマインド編（東京リーガルマインド）
- 『洋上三万マイル浪漫大航海』大須賀英夫（歴史春秋出版社）
- 『貿易為替用語辞典』東京リサーチインターナショナル編（日経BPマーケティング）
- 『最新 貿易ビジネス』中野宏一（白桃書房）
- 『貿易マーケティング・チャネル論』中野宏一（白桃書房）
- 『貿易業務論 第9版』中村弘・口田尚志（東洋経済新報社）
- 『図解実務入門 よくわかる貿易書類入門』片山立志（日本能率協会マネジメントセンター）
- 『貿易・為替用語の意味がわかる事典』森井清（日本実業出版社）
- 『決定版 貿易と為替の基本がわかる本』尾野功一（かんき出版）
- 『現代の貿易ビジネス』寺田一雄（中央書院）
- 『貿易物流実務マニュアル』石原伸志（成山堂書店）
- 『貿易と国際法』森井清（同文館出版）
- 『わかりやすい貿易取引の手引』山口敏治（中央経済社）
- 『貿易の知識』小峰隆夫・村田啓子（日本経済新聞出版社）
- 『英文契約書の書き方』山本孝夫（日本経済新聞出版社）
- 『入門 外国為替の実務事典』弓場勉（日本実業出版社）
- 『国際契約の手引』大須常利・淵本康方編（日本経済新聞社）
- 『貿易実務がわかる本』吉野議高（日本能率協会マネジメントセンター）
- 『国際取引契約』浅田福一（東京布井出版）
- 『ベーシック貿易取引』小林晃・赤堀勝彦（経済法令研究会）
- 『最新 英文ビジネス・ライティング』橋本光憲（中央経済社）
- 『英文ビジネスレター事典』橋本光憲監修・三省堂編修所編（三省堂）
- 『外国為替用語小事典』山田晃久・三宅輝幸編（経済法令研究会）
- 『入門貿易英語』中村弘（東洋経済新報社）
- 『はじめての人の貿易 入門塾』黒岩章（かんき出版）
- 『日本一やさしい貿易実務の学校』木村雅晴（ナツメ社）
- 『貿易業務論 改訂版』中村弘（東洋経済新報社）
- 『貿易取引入門』新堀聰（日本経済新聞社）
- 『法律英語のカギ』長谷川俊明（東京布井出版）
- 『英文契約書作成のキーポイント』中村秀雄（商事法務）
- 『貿易・為替の基本』山田晃久（日本経済新聞社）
- 『マクロ ミクロ貿易取引』山田晃久（学文社）
- 『図解 キチンとわかる！貿易のしくみ』村上賢司（TAC出版）
- 『輸出・輸入手続き実務事典』山田晃久（日本実業出版社）
- 『新版 貿易実務の仕事』樋口壽男（同文館出版）
- 『図解 円安・円高のことが面白いほどわかる本』西野武彦（中経出版）
- 『関税六法』日本関税協会（日本関税協会）
- 『国際法務の常識』長谷川俊明（講談社）
- 『最新 貿易実務 補訂版』浜谷源蔵（同文館出版）
- 『国際マーケティング』堀出一郎（中央経済社）
- 『貿易実務と外国為替がわかる事典』三宅輝幸（日本実業出版社）
- 『入門 輸出入の実務手びき』宮下忠雄（日本実業出版社）
- 『やさしい貿易実務』森井清（日本実業出版社）
- 『図解で入門！ よくわかる貿易の実務』木村雅晴（PHP研究所）
- 『貿易の実務』石田貞夫（日本経済新聞社）
- 『新貿易取引』石田貞夫・中村那詮（有斐閣）
- 『『貿易実務』の基本が身につく本』井上洋（かんき出版）
- 『やさしくわかる 貿易実務のしごと』井上洋（日本実業出版社）
- 『入門の入門 貿易のしくみ』梶原昭次（日本実業出版社）
- 『90分でわかる外国為替の仕組み』片山立志（かんき出版）
- 『基本 貿易実務 五訂版』来住哲二（同文館出版）
- 『国際ビジネスを成功させるために』佐々木紘一（文芸社）
- 『やさしい商品輸入ビジネス入門』佐野光質（南雲堂フェニックス）
- 『マンガで入門！貿易実務ができる本』髙橋則雄・木村雅晴（こう書房）
- 『図解 貿易実務用語がわかる本 改訂2版』日本貿易実務検定協会編（日本能率協会マネジメントセンター）

英文契約書を
スラスラ読むために
知っておきたい
頻出表現

　現在、貿易取引に関する契約書は、基本的に英語で取り交わされています。独特の言い回しが多いため、初めて見たときには戸惑うかもしれません。

　そこで、英文契約書を理解するために覚えておきたい頻出表現・単語を集めてみました。

　表現の多くは「一般取引条項（裏面約款）」を中心に抜き出しています。一般取引条項とは、あらゆる売買契約において適用される基本的な取引条件であり、契約の根幹に関わる重要なものです。

　一般的になじみのない表現は、丸暗記して意味を覚えてしまいましょう。

as the case may be ／場合に応じて

複数の条件やケースが考えられる場合、それに応じて、異なる複数の結果・効果を生じさせる、という意味で使用します。

> 例　"Supplier" means the Company or any of its Affiliates, **as the case may be**.

> 訳　「サプライヤー」とは、個々の状況に応じて、当社または当社の関係会社を意味する

comply with ／〜に従う

「comply with」には、契約条項・条件・義務・第三者の指示・法令等に「〜に従う」という意味があります。名詞形は「compliance」であり、通常「法令遵守」と訳され、法律や規則を守ること、さらには社会秩序を守る「コンプライアンス」として日本社会にも浸透してきました。

> 例　Distributor shall **comply with** laws, rules, and regulations.

> 訳　販売店は、法律、規則および規制に従う義務を負う。

disclaimer ／免責

「disclaimer」はそもそも「責任を放棄すること」を意味し、英文契約書では通常、「免責事項」の意味合いで使われます。「本製品は〜の状態で引き渡されるもので、本契約に明示的に定められた場合を除いて、本製品の契約不適合（瑕疵）等について売主は一切責任を負わない」などと定められ、当事者の責任を免除したり、一部に限定する意図を示します。

> 例　DISCLAIMER：THE ABOVE WARRANTY IS OUR ONLY WARRANTY.

> 訳　免責事項：上記の保証は、当社の唯一の保証です。

216

entire agreement ／完全なる合意

　契約書の内容が、輸出者と輸入者の合意によって成立し、絶対のものであることを示しています。

例　the final and **entire agreement** by and between the parties

訳　契約当事者間の完全なる唯一の合意

execution ／締結

　"execution of this Agreement" と表記される場合、「本契約書への署名」という意味を持ちます。

　この表現においては "execution" "execute" が、「執行」「実行」という意味を持つことは、通常はありませんが権利や判決などという言葉と結びつけて "execution" が登場する場合には、「執行」「実行」を意味します。

例　Promptly after **execution** of the preceding order, MANUFACTURER shall send by the international postal service DISTRIBUTOR one set of relative shipping documents.

訳　前号の注文の実行後速やかに、製造者は、販売者に対し、国際郵便サービスにより、出荷関連書類一式を送付するものとする。

Force Majeure ／不可抗力

　約締結後に、当事者の責めに帰すべき事由ではない不可抗力によって債務の履行が不可能になった場合に、あらかじめ当事者に責任がないこと、不可抗力による履行遅滞・履行不能の場合にどのような効果を生じるかなどについて定める条項が「Force Majeure」です。

　通常、「自然災害別紙、戦争、ストライキなど当事者の合理的なコントロールを超える不可抗力により本契約上の債務の履行ができなかった場合、当該当事者はその債務の不履行または遅滞について責任を負わない」などと規定されます。

例　The **Force Majeure** shall include, but not limited to, act of God, fire, flood, typhoon, tidal wave, or earthquake, war, riots, strike, or lockout

訳　不可効力には、天災、火災、洪水、台風、高潮、地震、戦争、暴動、ストライキ、ロックアウトを含むものとする。

herein ～／この契約書において～

「here」はもともと「this」という意味で、契約書に使われる場合は「this contract（この契約）」「this agreement（この同意事項）」といった意味になります。

同様に使われる言葉で、「hereof ～」は「本契約書の～」、「hereto ～」は「本契約書に添付の～」、「hereby ～」は「本契約書によって～」という意味です。

例 If you find **herein** anything not in order, please let us know immediately.

訳 もし貴社において、この契約書において合意に達していないところがあると思われれば、速やかにお知らせください。

including but not limited to／～を含むがこれらに限定せず

物事の例を示す場合に、「必ずしも挙げた例だけに限らない」ことを明確にするために使われる表現。

同様の表現に「including without limitation」があります。

例 **including but not limited to**, flood, earthquake civil commotion, strikes ...

訳 洪水、地震、内乱、ストライキなどが含まれますが、これらに限定せず……

indemnify and hold harmless ／損害が出ないように 保障する

売買契約書に頻出する、特有の言い回し。

契約書では、相手に決して損害を与えないこと、もし与えてしまった場合は、それによって生じた損害を補償する旨を書き添えておかなければいけません。「indemnify and hold harmless」は、このようなときに使われる表現です。

例　Indemnity

The Purchaser agrees to **indemnify and hold the** Seller **harmless** and against all claim dispute, cost, expenses, damages or loss of whatsoever nature including without limitation, consequential, incidental, indirect, or punitive damages or loss, arising out of or in connection with the performance of this Agreement.

訳　免責

買主は、本契約の履行から、またはこれに関して生じる、結果的、付随的、間接的、または懲罰的損害賠償または損失などを含め、これらに限定されず、その性質の如何にかかわらず、すべての申し立て、紛争、費用、支出、損害賠償、または損失について売主を免責し、これに害を与えないことに同意する。

interpret（construe）／解釈する

英米の契約書においては、よりやさしい表現である「construe」も、広く使用されます。

例　Trade terms such as FOB, CIF and any other terms which may be used in this contract shall have the meanings defined and **interpreted** by the Incoterms 2000 Edition,

訳　この契約書で使われている FOB、CIF などの貿易用語は、インコタームズ 2000 に定義され解釈されたものとする。

in the event（of）〜／万一、ある事態が発生した場合には

契約違反や、やむをえない事態が起きた場合の仮定に関して、使われる表現です。

例 **In the event** Seller fails to make timely shipment of the Goods, ...

訳 もし、売主が期限通りに船積みをすることができなかった場合は……

IN WITNESS WHEREOF ／本契約の証として

「IN WITNESS WHEREOF」は本契約の証として、という意味で契約書の末尾に文章が入ることが一般的です。英文契約書では頻繁に使われる、定型の言い回しです。

例 **IN WITNESS WHEREOF**, the parties hereto have executed this Agreement as of the date first written above.

訳 上記を証するため、両当事者は本契約書を作成し、冒頭に記載した日付をもってこれに署名した。

jointly and severally 〜／連帯して〜

保証状などで頻繁に使用される熟語です。

例 Seller and Shareholders **jointly and severally** make the following representations and warranties to Buyer, its successors and assigns.

訳 売主と株主は、買主、その承継者及び譲受人に対して、以下の事項について連帯して表明保証する。

may ／〜できる

　契約上の権利として「〜できる」という場合に「can」に代わって使われます。通常の英文に使われる「can」は、貿易契約書ではほとんど使われません。そのため「〜できない」も「may not 」が使われます。

例　Buyer **may** cancel this Contract and claim damages.

訳　買主はこの契約を破棄し、損害賠償を請求することができる。

mutatis mutandis ／必要な修正を加えて準用して

　ラテン語。契約書の始めのほうに規定した内容を、次の事柄にも準じて適用させる場合に使われます。

例　Distributorship Agreement
　　For the purpose of the present Section, Article III of the Master Agreement shall be incorporated into this Agreement **mutatis mutandis**.

訳　販売店契約書
　　現行の本条の目的において、基本契約の第 III 条は、必要な修正を加えたのち、本契約に盛り込まれるものとする。

No assignment ／譲渡禁止

相手方が自由に契約を譲渡（契約上の地位の移転）できるとなると、契約当事者にとって重大な事態となります。契約相手先が変われば履行能力や履行の誠実さに重大な疑義が生じることがありますし、万が一、契約を譲り受けた会社が自社のライバル企業であった場合、自社の営業秘密が競業他社に漏れてしまうという想定外の事態も発生しえます。

英文契約においては、「相手方の事前の書面による承諾がない限り」譲渡できないという形で、一般的に譲渡を禁止しています。「本契約またはその一部については、相手方の書面による事前の同意がなければ、譲渡できないものとする。同意なしになされた譲渡は無効とする。」などの表現に使われます。

例 No assignment
This Agreement shall not be assigned without prior written authorization by the other party to this Agreement. The duties under this Agreement shall not be delegated to other parties.

訳 譲渡禁止
本契約は、本契約の他の当事者による事前の書面による同意なくして譲渡してはならない。本契約の義務は他の者に引き受けさせてはならない。

on an "as is" basis ／現状のあるがままの状態で

万が一欠陥があっても、品質については保証しないという条件のこと。不動産の売買契約などでよく使われます。

例 All ABC and third-party information provided on any ABC website is provided **on an "as is" basis**.

訳 ABCのウェブサイト上で提供されるABC及び第三者の情報は、すべて「今あるそのままの状態（現状有姿）」で提供される。

party・parties ／当事者

　「party」は契約の当事者を、「parties」は契約の複数当事者または両当事者を意味します。また、以下の言い回しでも使用します。「each party」は各当事者、「either party」がいずれかの当事者、「the other party」が他方当事者、「third party」は、通常、契約当事者ではない、第三者を指します。

> **例**　This Agreement is solely for the benefit of the **Parties** and their successors and assigns, subject to the restrictions on assignment contained herein, and shall not be construed to confer any rights on any third **parties**.

> **訳**　本契約は、ここに定められる譲渡の制限に従って、両当事者、その承継人および譲受人の利益のためのものであって、いかなる第三者に対しても権利を付与するものではない。

pro rata ／その割合に応じて、比例して

　ラテン語の表現。英語の「proportionally」に当たる言葉です。

> **例**　The additional cost for the then current Agreement year will be calculated on a monthly **pro rata** basis and invoiced immediately.

> **訳**　現行の契約年度についての追加的な費用は、月割りで計算され、直ちに請求書が送付されるものとする。

provided ／ただしこの限りではない

　「ただし〜この限りではない」との意で「provided 〜」「provided that 〜」「provided that、however、〜」のような表記が使用されることがあります。これは例外条件や補足事項がある場合、ただし書きを付す趣旨で使用する表現です。

> **例**　**provided**, however, that this period may be shortened in case of emergency.

> **訳**　ただし、緊急の必要があるときは、この期間を短縮することができる。

public domain ／公知

　「ライセンス契約」や「秘密保持契約」において保護の対象となる財産的情報の例外としての「公知」の情報、知識が挙げられます。一般の誰もが知っている知識を、法律や契約上の義務として秘密に保つ義務を課することは意味をなさないためです。ただし、ブランドやキャラクターのように誰もが知っていて、広く親しまれているものが知的財産として守られないという意味ではありません。

　なお、法的な保護の前提として、秘密性が要求されている財産的情報が秘密性を失ったときは「public domain」となり、保護を失います。

例 The preceding sentence shall not apply to any information which is in the **public domain** at the time it comes into A' knowledge or comes into the public domain without breach of any obligation of the Article.

訳 上文は、Aが知るに至った時点で公知である情報または本条の義務に違反することなく公知となる情報には適用されない。

shall ／しなければならない

　義務を規定する基本的な言い回し。通常の英文で使われる「must」は、契約書で義務を規定する場合には、ほとんど使われません。

例 Otherwise, these terms and conditions **shall** be considered as expressly accepted by you.

訳 異論がなければ、この契約条件に貴社が明確に合意したものとする。

subject to ～／を条件として、～に従って、～に基づいて

文章の冒頭もしくは最後に、副詞的に使われます。

例 ... **subject to** all of the TERMS AND CONDITIONS ON THE FACE AND REVERSE SIDE HEREOF.

訳 （本契約書の）表面と裏面に記載されたすべての条件に従って～

termination ／ 契約終了、解除

　どのような場合に契約を解除ができるか、具体的な事由が列挙され、その事由に該当する事態になった時、どのような手続きで解除ができるかについて書かれます。

　　英文契約書では、解除できる場合の事由について以下の通り、規定されることが多くあります。

①当事者が契約条項の内容に違反した時　②債務の履行を怠った時　③法律違反があった時　④支払不能・破産状態に至った時　⑤破産手続きなどの法的手続きが開始された時

また、どのような手続きで契約を解除できるかについては、大きく分けて、①無催告解除と呼ばれる手続きと、②催告解除という手続きの2通り存在します。

①の無催告解除

相手方に契約違反の事実があった場合、他に何らの手続きも要さず、単に「契約を解除する」と相手方に通知をすれば直ちに解除できるものです。

②の催告解除

相手方に契約違反があっても、すぐに解除はできず、一定期間を定めた状態回復の通知を出して、その期間内に相手が契約違反をしたまま回復しない場合に、今度は契約を解除する旨の通知を出し、はじめて解除ができるという場合を指します。

> **例** If either Party is subject to any of the circumstances listed below, the other Party shall have the right to **terminate** this Agreement.

> **訳** 一方当事者が次のいずれかの事由に該当する場合、他方当事者は本契約を終了する権利を有するものする。

thereof ／（その前にくる言葉を受けて使われる）

堅苦しい書類などでよく見られる言葉。基本的にその前にくる言葉を受けて使われます。「there」は「that」の意味。ですから、先に紹介した「hereof」と同じように考えれば、理解しやすいでしょう。

下の例文の場合、「thereof」が「after arrival of the Goods at their final destination and unpacking and inspection」のあとにきているため、「商品が最終到着地に届き、梱包が解かれてから」の意になります。

同様の使い方をするものとしては、「thereafter」「thereto」「therein」「thereby」などがあります。

例　Any claim by Buyer, except for latent defects, shall be made in writing as soon as reasonably practicable after arrival of the Goods at their final destination and unpacking and inspection **thereof**,

訳　買主による損害賠償請求は、直ちに発見できないような商品の潜在的欠陥がある場合を除き、商品が最終到着地に届いたあと、梱包が解かれてからできるだけ早い時点で文書をもって売主に連絡をしたときにできるものとする。

terms and condition ／契約条件、取り決めの条件

terms, condition いずれも「条件」という意味がありますが、一般的に、この形で単に「契約条件」と訳します。契約書では、よく出る表現です。

例　I have read the **terms and conditions** of the Rental Agreement and agreed to all the conditions.

訳　私は本契約を読み、内容に同意する。

Without prejudice to 〜　〜がなんら不利益を被ったり権利を損なったりすることなしに

〜の部分に来るのは、通常、「損害賠償請求権」などの権利です。

例 If Licensee fails to comply with the terms and conditions of this agreement, **without prejudice to** any other rights, Licensor may terminate this Agreement.

訳 ライセンシーが本契約の諸条件を守らない場合、ライセンサーは、その他の権利を損なうことなく、本契約を解除することができる。

※ライセンシー（ライセンスを受ける者）、ライセンサー（ライセンスを与える者）

著者紹介

大須賀祐（おおすか・ゆう）

一般社団法人 日本輸入ビジネス機構　理事長　日本貿易学会正会員
ジェトロ認定貿易アドバイザー（現 AIBA認定貿易アドバイザー）
株式会社インポートプレナー最高顧問

早稲田大学卒。東証一部上場企業入社後、3年目で最優秀営業員賞受賞。しかし国内ビジネスに失望し、会社を退社、輸入ビジネスに身を投じる。2004年、当時合格率8.4%の狭き門「ジェトロ認定貿易アドバイザー」を取得。

現在は、貿易アドバイザーとしての知識、28年の実務経験、19年のアドバイジング実績、5万件以上の商談実績、巧みなコミュニケーション術を駆使してコンサルティングを行っている。これまで延べ13万人（社）超に輸入ビジネスの道筋を与え、1万5000人を超える個人・法人にアドバイスを行い、億超えプレーヤーをはじめ、970名以上の成功者を輩出。その圧倒的実績により、クライアントから「輸入の神様」と称されている。新規の依頼は6カ月待ち。

著書に『リモート輸入ビジネス 成功マニュアル』『これ1冊でぜんぶわかる！輸入ビジネス【完全版】』（ともにあさ出版）他、多数。

■ 日本輸入ビジネス機構（JAIBO）https://jaibo.jp/
■ 株式会社インポートプレナー　https://importpreneurs.jp/
■ 動画でわかる輸入ビジネス メールマガジン　https://yunyu-bible.com/?p=213
■ 大須賀 祐のオフィシャルブログ　https://ameblo.jp/importpreneur/

編集協力　大西華子

改訂版 図解 これ1冊でぜんぶわかる！ 貿易実務〈検印省略〉

2023年　7 月 23 日　第 1 刷発行
2024年　4 月 17 日　第 2 刷発行

著　　者——大須賀 祐（おおすか・ゆう）
発 行 者——田賀井 弘毅

発行所——株式会社あさ出版
〒171-0022　東京都豊島区南池袋 2-9-9 第一池袋ホワイトビル 6F
電　話　03 (3983) 3225 (販売)
　　　　03 (3983) 3227 (編集)
F A X　03 (3983) 3226
U R L　http://www.asa21.com/
E-mail　info@asa21.com
印刷・製本　(株)シナノ

note　　　http://note.com/asapublishing/
facebook　http://www.facebook.com/asapublishing
twitter　　http://twitter.com/asapublishing